GRANDES LÍDERES DE SEMPRE

ABDR
ASSOCIAÇÃO BRASILEIRA DE DIREITOS REPROGRÁFICOS
CÓPIA NÃO AUTORIZADA É CRIME
RESPEITE O DIREITO AUTORAL

Preencha a **ficha de cadastro** no final deste livro
e receba gratuitamente informações
sobre os lançamentos e as promoções da Elsevier.

Consulte também nosso catálogo
completo, últimos lançamentos
e serviços exclusivos no site
www.elsevier.com.br

KEN BLANCHARD
MARK MILLER

GRANDES LÍDERES DE SEMPRE

COMO O DESENVOLVIMENTO PESSOAL DETERMINA O SUCESSO DA LIDERANÇA

ELSEVIER

Tradução
Paulo Polzonoff Junior

NEGÓCIO
EDITORA

Do original: *Great Leaders GROW*
Tradução autorizada do idioma inglês da edição publicada por Berrett-Koehler Publishers, Inc.
Copyright © 2012, by Polvera Publishing and Mark Miller

© 2012, Elsevier Editora Ltda.

Copidesque: Shirley Lima da Silva Braz
Revisão: Edna Cavalcanti e Roberta Borges
Editoração Eletrônica: Estúdio Castellani

Elsevier Editora Ltda.
Conhecimento sem Fronteiras
Rua Sete de Setembro, 111 – 16º andar
20050-006 – Centro – Rio de Janeiro – RJ – Brasil

Rua Quintana, 753 – 8º andar
04569-011 – Brooklin – São Paulo – SP – Brasil

Serviço de Atendimento ao Cliente
0800-0265340
sac@elsevier.com.br

ISBN 978-85-352-6184-4
Edição original: ISBN: 978-1-60994-303-5

Nota: Muito zelo e técnica foram empregados na edição desta obra. No entanto, podem ocorrer erros de digitação, impressão ou dúvida conceitual. Em qualquer das hipóteses, solicitamos a comunicação ao nosso Serviço de Atendimento ao Cliente, para que possamos esclarecer ou encaminhar a questão.

Nem a editora nem o autor assumem qualquer responsabilidade por eventuais danos ou perdas a pessoas ou bens, originados do uso desta publicação.

CIP-Brasil. Catalogação-na-fonte
Sindicato Nacional dos Editores de Livros, RJ

B571g	Blanchard, Kenneth H.
	Grandes líderes de sempre : como o desenvolvimento pessoal determina o sucesso da liderança / Ken Blanchard, Mark Miller ; tradução Paulo Polzonoff Junior. – Rio de Janeiro : Elsevier, 2012.
	23cm
	Tradução de: Great leaders grow
	ISBN 978-85-352-6184-4
	1. Mudança organizacional. 2. Liderança 3. Sucesso. I. Blanchard, Kenneth H. II. Miller, Mark. III. Título.
12-4908.	CDD: 658.4092
	CDU: 658.310.42

Dedicamos este livro aos homens e mulheres que nos inspiraram a crescer e nos ajudaram ao longo do caminho.

Agradecimentos

É difícil escrever esta parte. Há centenas, provavelmente milhares, de homens e mulheres que nos ajudaram a crescer. Citá-los individualmente seria impossível. Ainda assim, o tipo de crescimento que defendemos nunca é uma aventura individual.

Nossa jornada rumo ao crescimento começou em casa, com pais que nos encorajaram a darmos nosso melhor – no que quer que estivéssemos fazendo. Eles sempre quiseram que fôssemos o máximo que pudéssemos ser. Depois houve os professores – em todas as séries – que fizeram mais do que nos ensinar fatos; eles alimentaram nossa curiosidade e nos desafiaram a crescer. Houve ainda os gerentes e líderes que nos moldaram no início de nossa carreira – eles foram exemplares para nossa necessidade de aprendizado. Assim como os mentores em nossa vida, que continuam a nos ensinar e a nos desafiar – nomes demais para serem citados!

Também temos de dizer que a Ken Blanchard Companies e a Chick-fil-A entenderam a mensagem. As duas empresas apostaram estrategicamente que, se as pessoas crescerem, o negócio também crescerá. Aquela crença, combinada com a liderança que põe as palavras em prática, contribuiu imensamente para nosso crescimento individual.

Depois, nossas famílias. Nós dois fomos abençoados com esposas que nos inspiram a continuar aprendendo e crescendo. Também temos filhos que se juntaram a nós na jornada do aprendizado interminável. Esta é uma de nossas maiores bênçãos.

Há algumas pessoas cujo nome precisamos citar. Margery Allen e Renee Broadwell nos deram o apoio de bastidores que nos ajudou a tornar este livro possível. Por fim, Martha Lawrence presenteou a todos que lerão este livro – suas ideias e enorme talento melhoraram muito esta obra!

A todos vocês que continuam a nos encorajar, inspirar e ajudar enquanto crescemos, nosso agradecimento!

Os autores

KEN BLANCHARD

Poucas pessoas causaram mais impacto no gerenciamento cotidiano de pessoas e empresas do que Ken Blanchard. Escritor renomado, sociável e requisitado, palestrante e consultor empresarial, Blanchard é caracterizado por todos os seus amigos, colegas e clientes como uma das pessoas mais inteligentes, poderosas e compassivas do mundo corporativo atual.

Desde seu extraordinário sucesso *O gerente minuto* (em coautoria com Spencer Johnson) – que vendeu mais de 13 milhões de exemplares e ainda está na lista dos mais vendidos – até os vários livros escritos em conjunto com incríveis profissionais – *Fãs incondicionais, Missão impossível, Liderança e o gerente minuto, Vai em frente!*, entre outros –, o impacto de Ken como escritor é extraordinário e amplo.

Ken é a principal autoridade espiritual da Ken Blanchard Companies, uma empresa internacional de treinamento gerencial e consultoria que ele e sua esposa, a Dra. Marjorie Blanchard, fundaram em 1979, em San Diego, Califórnia. Ele também é professor visitante em sua *alma mater*, a

Cornell University, onde também é membro emérito no Conselho Curador. Ken é o cofundador do Center for *FaithWalk* Leadership, dedicado a desafiar e equipar as pessoas para Liderarem como Jesus.

Ken e Margie, sua esposa há 49 anos, vivem em San Diego. Seu filho, Scott Blanchard, sua nora, Madeleine Blanchard, e sua neta, Debbie Blanchard, ocupam cargos importantes na Ken Blanchard Companies.

MARK MILLER

Mark Miller começou sua carreira na Chick-fil-A como funcionário horista em 1977. No ano seguinte, entrou para a equipe permanente da empresa trabalhando no armazém e no despacho de correspondências. Desde então, exerceu a função de líder nos departamentos de comunicação corporativa, operações e atendimento ao consumidor, e hoje é vice-presidente de treinamento e desenvolvimento. Durante sua estada na Chick-fil-A, as vendas anuais cresceram para quase US$4 bilhões. A empresa hoje é dona de mais de 1.500 restaurantes em 38 estados americanos, além do distrito de Colúmbia.

Quando não está trabalhando para vender mais frango, Mark está estimulando e equipando ativamente os líderes ao redor do mundo. Ele lecionou para inúmeras empresas multinacionais ao longo dos anos. Entre seus assuntos, estão liderança, criatividade e formação de equipes, entre outros.

Em parceria com Ken Blanchard, Mark escreveu *O segredo – o que os grandes líderes sabem... e fazem*. O livro vendeu mais de 350 mil exemplares e foi traduzido para mais de 20 idiomas. Seu livro mais recente, *The Secret of Teams*, foi lançado em 2011.

Mark tem uma vida ativa. Como fotógrafo, ele gosta de fazer imagens dos lugares mais remotos do mundo, entre eles o Monte Kilimanjaro, o acampamento-base do Everest e as florestas de Ruanda. Também é um corredor e, recentemente, completou sua primeira maratona.

Mark e sua esposa, Donna, têm dois filhos e estão casado há quase 30 anos.

Encontre Mark on-line em www.GreatLeadersServe.org e pelo Twitter @leadersserve.

Sumário

Introdução

Você já sentiu que poderia liderar num nível superior, mas que não sabe ao certo como conseguir isso? Já se perguntou como pode aumentar sua influência e seu impacto? Você já pensou no que permite que alguns líderes pairem sobre os demais? Nós nos fizemos estas e muitas outras perguntas parecidas. Estamos convencidos, depois de mais de 70 anos combinados de liderança, de que o caminho para se aumentarem a influência, o impacto e a eficiência da liderança é pavimentado pelo crescimento pessoal. Com certeza, liderança envolve muito mais que amadurecimento, mas ele está na essência do que gera e sustenta os grandes líderes. O crescimento é a fonte da juventude do líder.

Para um líder, o crescimento é como o oxigênio para um mergulhador: sem ele, você morre. Ao contrário do mergulhador, você talvez não morra fisicamente se deixar de crescer, mas sua influência se perderá; e, com o tempo, pode até mesmo perder a oportunidade de liderar.

Tragicamente, veem-se essas perdas em empresas grandes ou pequenas, privadas ou filantrópicas – líderes que alcançam uma posição de liderança, mas não conseguem manter-se nela. Ou que conseguem uma promoção com base em seu potencial, mas esse potencial nunca se materializa.

Ou talvez você perceba isso em jovens líderes emergentes que nunca têm uma oportunidade. O potencial não aproveitado deles continua sem ser aproveitado. O que todas essas situações têm em comum? O crescimento pessoal – ou a falta dele. A incapacidade de crescer é a maior sabotadora da carreira de líderes.

Nossa capacidade de crescer determina nossa capacidade de liderar. É mesmo muito simples. Mas o simples nem sempre é fácil. Como a maioria dos princípios da vida, a força está na aplicação. Eis o assunto deste livro.

Nas páginas seguintes, você acompanhará a vida de Blake, um líder enérgico, embora relutante. Não se atenha à idade dele ou à sua falta de experiência. Há um pouco de Blake em todos nós, principalmente quando nos vemos diante do desafio de crescer como líderes.

Debbie Brewster interpreta o papel de mentor de Blake e lhe ensina quatro grandes conceitos que, se aplicados com consistência, permitirão que ele seja um líder por toda a vida.

A ideia de liderarmos durante toda a vida nos atrai. Talvez optemos por não liderarmos indefinidamente em nossa situação ou circunstância atual, mas cite um só líder que você conhece e que *queira* permanecer estagnado ou, pior, irrelevante. Não conhecemos nenhum. Se você decidir que quer ser um bom líder durante toda a sua vida – seja no mundo dos negócios, numa organização filantrópica ou até mesmo em sua família –, deve continuar a evoluir.

Rezamos para que as ideias contidas neste livro alimentem seu desejo de amadurecer, convençam-no de que você pode crescer, mostre-lhe como evoluir e lhe dê forças para crescer para o resto da vida. Divirta-se enquanto cresce!

Ken Blanchard e Mark Miller

Uma perda inesperada

"Você pode ser um líder." As palavras ricochetearam na mente de Blake inúmeras vezes desde que seu pai as pronunciara. Em parte, porque ele próprio, havia muito tempo, duvidava de sua capacidade de liderar; e também porque essas foram as últimas palavras que seu pai lhe dissera. No dia seguinte, Jeff Brown morreu de ataque cardíaco.

Tudo isso foi muito inesperado, como geralmente são os ataques cardíacos, mas, nesse caso, talvez tenha sido ainda mais. O pai de Blake estava em grande forma física. Ele se alimentava corretamente, descansava bastante e se exercitava de três a quatro vezes por semana. Ele e Blake haviam acabado de voltar de uma viagem para esquiar. Ninguém – principalmente Blake – estava preparado para a morte de Jeff.

Um mês depois do funeral de seu pai, Blake estava sentado na biblioteca da universidade, enfrentando não só a morte do pai, como também a própria ideia de que poderia ser um líder. Será que seu pai estava cego de amor por seu único filho? Ou teria sido aquilo apenas mais um exemplo do eterno otimismo de seu pai? Ou talvez – a possibilidade mais assustadora de todas – fosse verdade? Talvez Blake pudesse ser mesmo um líder. Havia tantas perguntas que Blake queria fazer a seu pai. Mas agora já não é possível.

"Você pode ser um líder." Blake ainda era capaz de ver e ouvir seu pai dizendo estas palavras. Ao se lembrar delas, porém, sua reação variava de "de jeito nenhum" a "posso mesmo?!". Blake se perguntava como essas palavras seriam lembradas no futuro. Seriam uma bênção ou uma maldição? Neste momento, elas pareciam um fardo bastante pesado.

Jeff fora um grande líder. Ele era respeitado, amado pela maioria e muito bem-sucedido. Ele trabalhava em sua empresa com muita integridade e capacidade. E também trabalhara para várias organizações sem fins lucrativos, em várias ocupações. Dedicara-se à família e também a liderara. Esse enorme legado colocava muita pressão sobre Blake. Mesmo que pudesse liderar, ele estava convencido de que jamais seria capaz de liderar como seu pai.

Agora Blake não sabia o que fazer. Estava prestes a se formar na faculdade e precisava de um emprego. Estava confuso e com medo, e não tinha seu pai para lhe dar um conselho – algo que ele não valorizara enquanto seu pai estava vivo. Só agora ele percebia como aqueles conselhos eram importantes.

Centenas de pessoas se reuniram no funeral de seu pai. Depois da cerimônia, Blake conheceu vários dos amigos e colegas de trabalho de Jeff. Um deles era uma mulher de meia-idade que seu pai orientara durante vários anos. Seu nome era Debbie Brewster; e, ao se apresentar, ela se esforçava para não chorar.

"Seu pai fez tanta diferença em minha vida", disse ela. *"Se houver algo que eu possa fazer por você, por favor, me avise. Seria uma honra ajudá-lo"*.

Blake não sabia o que fazer, por isso ligou para Debbie. Ela se lembrou imediatamente dele e pareceu verdadeiramente empolgada com a ideia de encontrá-lo para um café no dia seguinte.

• • •

"Achei que estava adiantada", disse Debbie, rindo, ao se aproximar de Blake, que já estava guardando uma mesa nos fundos do café.

Ele se levantou para cumprimentá-la.

"Bem, srta. Brewster, não queria deixá-la esperando. Meu pai sempre me disse que respeitamos as pessoas quando respeitamos seu tempo."

"Ele me ensinou a mesma coisa", retrucou ela, sentando-se. "Mas, por favor, me chame de Debbie." Ela sorriu melancolicamente. "Isso me faz lembrar do meu primeiro encontro com seu pai. Quando o chamei de senhor Brown, ele me interrompeu e corrigiu: 'Por favor, me chame de Jeff.'"

"Agradeço muito por você estar se reunindo comigo, Debbie", disse Blake, hesitante.

"Como posso ajudar?", perguntou ela.

"Não sei direito", confessou Blake.

"Certo. Então vamos começar com isso." Mais uma vez, Debbie sorriu. "Nós não nos conhecemos", começou ela. "Mas, na verdade, eu me sinto como se o conhecesse muito bem."

"Mesmo?" Blake parecia surpreso. "Como você me conhece?"

"Seu pai e eu trabalhamos juntos por mais de 10 anos."

Blake não estava entendendo.

"Ele o amava de todo o coração", disse Debbie.

"Sei disso."

"E, como ele o amava muito, falava de você o tempo todo."

"Falava?"

"Sim. Ele nos contou sobre seu primeiro amor, sua festa de aniversário de 16 anos, seu *touchdown* decisivo no último jogo do campeonato, sua escolha da faculdade e até rezamos por você quando sofreu um acidente de carro há dois anos."

"Uau!" Blake estava visivelmente impressionado. "Por que o papai contaria estas coisas para você?"

"Não foi só para mim", observou Debbie.

"Muitas pessoas que não conheço sabem da minha vida?", perguntou Blake. Ele não sabia se se sentia lisonjeado ou um pouco incomodado.

"Sim, existem muitas pessoas na empresa com as quais ele falava sobre você. Esse é um dos motivos pelos quais ele era um ótimo líder."

"Estou confuso. Achava que liderança tinha a ver com comando."

"Comando?", indagou Debbie, rindo. "Acho que isso é um termo técnico."

Depois de uma pausa, ela continuou:

"Uma das coisas que o Jeff sempre quis criar foi uma equipe de alto desempenho. Ele sabia que as melhores equipes sempre vivem juntas. É por isso que sempre falávamos sobre nossas famílias e outras coisas importantes em nossa vida e que estavam acontecendo fora do ambiente de trabalho."

"Não sabia disso", admitiu Blake. "Você se importaria se eu tomasse nota?"

"De jeito nenhum", respondeu Debbie.

Depois de anotar que "as melhores equipes sempre vivem juntas", Blake disse:

"Como conhece minha história, você se importaria de me falar um pouco sobre a sua?"

"Adoraria", disse Debbie. "Primeiro, não sei para onde minha carreira teria ido se não fosse pela orientação de seu pai. E o mais importante: não sei *quem* eu seria. Ele provocou um impacto profundo em minha vida, de várias maneiras."

"Como?", perguntou Blake.

"Primeiro, ele me ensinou praticamente tudo que sei sobre liderança", respondeu ela. "Eu *achava* que era uma boa líder, mas, na verdade, era uma péssima líder, e minha confiança exagerada quase destruiu minha carreira. Então conheci Jeff. Na época, ele era o presidente de nossa empresa. Eu era uma confusa supervisora de fábrica, com uma equipe que estava em último lugar em desempenho em toda a empresa. Depois que seu pai me ensinou do que se trata a verdadeira liderança, minha equipe passou do último para o primeiro lugar em desempenho. Ao longo dos meses e dos anos seguintes, ele continuou a me orientar. Tornei-me chefe do departamento de Desenvolvimento de Liderança e, por fim, chefe do setor de Operações. O impacto positivo que seu pai exerceu em minha vida foi enorme."

"Ouvi isso de muitas pessoas nas últimas semanas", disse Blake. "Até mesmo agora, apesar de falecido, ele ainda causa impacto em minha vida."

"Como?", perguntou Debbie.

"Estou anotando coisas que ele lhe ensinou." Blake ergueu o olhar para Debbie. "E isso é muito legal", acrescentou.

"Então, como posso ajudá-lo?"

"Não sei mesmo. A última coisa que o papai me disse foi 'Você pode ser um líder.' Não sei o que fazer com isso. Primeiro, não tenho certeza se acredito nisso. Além disso, hoje em dia só consigo pensar em conseguir um emprego."

"Quando você se forma?"

"Daqui a três meses", respondeu Blake.

"Você está sendo entrevistado pelas empresas?"

"Sim."

"Alguma chance?"

"Algumas."

"No que você está pensando?"

"Não sei."

"Estou percebendo que você está muito inseguro", disse ela. "E se nos encontrássemos novamente para falarmos de suas próximas atitudes em mais detalhes?"

"Seria ótimo." Blake se sentiu aliviado. Ele não tinha muita certeza se sua ligação para Debbie fora a coisa certa a fazer. Agora ele percebia que ela seria uma grande aliada.

"Eis o que você pode fazer para se preparar", disse Debbie. "Primeiro, quero entender mais sobre seu passado."

"Mais sobre minha festa de 16 anos?", perguntou Blake, sorrindo.

"Sim", confirmou Debbie. "Vamos falar sobre seus pontos fortes, seus interesses e o que você fez da vida até aqui e que o satisfez."

Blake estava tomando nota.

"Algo mais?"

"Duas coisas: vamos falar daquilo em que você não é bom e, por fim, do que você gostaria fazer no seu primeiro emprego – o que o interessaria e empolgaria?"

"Não tenho certeza de que sou capaz de responder a todas estas perguntas", disse Blake, analisando a lista.

"Faça seu melhor. Assim, teremos um ponto de partida."

Seguindo adiante

Três semanas se passaram até que Blake concluísse suas provas e Debbie tivesse uma tarde livre. O encontro foi marcado para o mesmo café. Novamente os dois chegaram adiantados.

"Boa tarde!", cumprimentou Debbie. "Como você está?"

"Estou bem", respondeu Blake. A verdade, contudo, era que ele ainda estava sofrendo com a morte do pai.

"Acostumar-se à perda de um ente querido leva tempo", disse, com cuidado, Debbie. "Você teve tempo de pensar nas coisas que discutimos no nosso primeiro encontro?"

"Tive. Como eu temia, não tenho resposta para todas as perguntas."

"Tudo bem. Raramente tenho as respostas para todas as minhas perguntas", disse Debbie, rindo. "Mas isso não diminui o poder da pergunta. Geralmente a procura pela resposta é tão importante quanto a resposta em si. Vamos ver o que você conseguiu até agora."

Eles começaram discutindo os pontos fortes e as paixões de Blake. Ele era muito talentoso, por isso foi uma conversa fascinante.

"É fácil perceber a influência de Jeff em sua vida", disse ela. "Depois de apenas 20 minutos, identificamos o seguinte a seu respeito: você se sente à vontade conhecendo pessoas. Você gosta de trabalhar com crianças – foi conselheiro num acampamento de verão durante seus anos no ensino médio. Você é um bom aluno – uma nota alta no GPA e em outros exames o ajudou a entrar numa universidade de prestígio. Você se formou em Administração com especialização em Marketing. Você gosta de esportes – praticou várias modalidades e ainda é um ávido esquiador."

"E o que tudo isso significa?", perguntou Blake.

"Não sou uma orientadora vocacional", começou Debbie. "Mas, para mim, parece que você é capaz de fazer várias coisas diferentes."

"É disso que tenho medo. E se eu fizer uma escolha ruim?"

"Você fará."

"Como é?!" Esse comentário realmente chamou a atenção de Blake.

"Claro. Todos cometemos erros e fazemos o nosso melhor para aprender com eles. Eis uma das coisas que os líderes fazem extremamente bem."

Aquela foi a primeira vez que a palavra com "L" era usada na conversa deles.

"Agora que você mencionou a Liderança, Debbie, acho que é isso o que mais me assusta."

"O que você quer dizer?"

"Meu pai e eu conversamos sobre minha carreira e futuro pouco antes de ele morrer. Na verdade, foi nossa última conversa."

"E o que ele disse?"

"Que eu podia ser um líder."

"E?", insistiu Debbie.

"Eu lhe disse que achava que não."

"Por que não?"

Sempre que você influencia o raciocínio,
a crença e o desenvolvimento de outra pessoa,
está se envolvendo com liderança.

"Vários motivos, acho. Parece-me difícil ser um bom líder. Tenho apenas 22 anos; não sei liderar. Não sei nem mesmo o que significa realmente ser um líder e..." Blake parou.

"Blake, acho que você tem uma ideia muito pequena do que é liderança. Mas você não é o único. Pergunto o tempo todo às pessoas se elas são líderes e raramente alguém diz que sim. Em geral, insisto, perguntando: 'Então me diga: quem exerceu o maior impacto em sua vida?' É difícil que alguém cite o nome de um gerente ou supervisor no trabalho. Exatamente como você, elas me falam do pai, da mãe, de um avô, amigo ou professor. Sabe, todos temos a oportunidade de liderar em alguma área da vida."

"Até mesmo eu? Como sou um líder?", perguntou Blake.

"Sempre que você influencia o raciocínio, a crença e o desenvolvimento de outra pessoa, está se envolvendo com liderança."

"Então você quer dizer que não preciso de um título importante para ser um líder?"

"Exatamente. A não ser que você esteja vivendo numa caverna, aposto que influencia amigos e colegas de turma há muito tempo."

"Entendo o que você está querendo dizer", disse Blake. "Mas o papai era um líder tão incrível!" Ele engoliu em seco. "Ele dizia que me ensinaria... E agora ele se foi." Seus olhos ficaram cheios de lágrimas.

"Sinto muito, Blake", lamentou Debbie, baixinho. "Você gostaria que marcássemos outro encontro?"

"Não, obrigado, preciso apenas de um minuto."

"Vamos fazer um intervalo e voltaremos ao assunto em 15 minutos. Preciso mesmo de outra xícara de chá."

"Obrigado."

Blake saiu do café e ficou olhando para o céu. Era um belo dia. O céu estava azul como ele nunca vira e as nuvens eram as mais brancas que já vislumbrara. Enquanto o vento leve soprava em seu rosto, ele enxugou os olhos e sentiu uma lufada de otimismo. Era como se ele soubesse, em seu coração, que tudo daria certo. Naquele momento, ainda não estava convencido de que poderia ser um líder, mas estava seguro de que poderia tentar. Blake voltou para dentro do café, onde descobriu Debbie lendo suas anotações.

Ela levantou os olhos.

"Tem certeza de que você está bem para continuar com esta conversa hoje?", perguntou ela.

"Sim, estou bem. Mas as últimas semanas foram mesmo difíceis."

"Entendo o que você está sentindo", disse Debbie. "Minha mãe morreu quando eu tinha mais ou menos sua idade."

"Você não me disse isso", observou Blake, num tom de surpresa.

Debbie fez que sim.

"Apesar de já ter passado muito tempo, é uma parte da minha história que ainda é dolorosa. Mas me sinto mais forte hoje. Então realmente entendo um pouco do que você está sentindo. Eis um dos motivos por que adoraria ajudá-lo, se eu puder. Cometi alguns erros – em parte, por causa da morte de minha mãe. Talvez eu possa ajudá-lo a evitar alguns desses mesmos erros."

"Que tipo de erros?", perguntou Blake ansiosamente.

"Falarei sobre isso mais tarde. Neste momento, nosso primeiro desafio é ajudá-lo a encontrar um emprego."

"Isso seria ótimo. No que você está pensando?", Blake tinha sua caneta preparada.

"Tenho algumas ideias para você refletir. Acho que a empresa para a qual você trabalhará é importante. Com base no mundo em que vivemos, suponho que você não trabalhará lá durante toda a sua carreira, mas um bom começo seria bom."

"O que seria um bom começo para você?", perguntou Blake.

"Estou pensando numa empresa que compartilhe seus valores essenciais. De acordo com minha experiência, quando os valores essenciais de uma pessoa estão de acordo com os valores da empresa, raramente é uma boa ideia, no curto ou no longo prazo. Também estou pensando numa empresa que tenha a reputação de investir em seus funcionários. É mais difícil encontrar empresas assim hoje em dia, mas elas ainda existem. Por fim, acredito que você queira trabalhar para uma empresa capaz de lhe oferecer um futuro de longo prazo – para o caso de você permanecer lá."

"Isso não serve para qualquer empresa? Quero dizer, se eu quisesse permanecer lá e fazer carreira, esta não seria uma opção em qualquer lugar que eu trabalhasse?"

"Não exatamente. Algumas empresas têm uma cultura de alta rotatividade. Provavelmente não é num lugar assim que você quer começar sua carreira."

"Você não mencionou o desenvolvimento da liderança", acrescentou Blake.

"Tem razão. E não mencionei por dois motivos. Primeiro, não ouvi dizer que você quer ser um líder empresarial. Ouvi você dizendo que seu pai acreditava que você podia ser um líder. É uma grande diferença. Se você não sente que quer ser um líder, não deveria buscar uma posição de liderança. Você deve ser um colaborador individual. Eis uma das lições a que me referi antes. Quando tinha sua idade, meus pais queriam que eu fosse professora. Ambos eram professores – e o magistério é certamente uma profissão nobre. Mas não servia para mim. Depois que minha mãe morreu, decidi que, em sua honra, deveria ser professora. Infelizmente, umas poucas crianças sofreram com minha péssima escolha. Ainda bem que mudei de ideia depois de apenas um ano em sala de aula."

Debbie tomou um gole de chá e continuou:

"Você tem de realizar seu sonho, e não o sonho que outra pessoa tem para você. Há inúmeras maneiras de homenagear seu pai, e você o fará. Mas escolher mal a carreira não é uma delas. Se, no íntimo, você não for capaz de dizer honestamente que quer servir às pessoas, então não deveria tentar um cargo de liderança."

"Espere um pouco. Você terá de voltar à ideia de 'servir às pessoas' como um fator motivador da liderança."

"Na verdade, essa é a coisa mais importante que seu pai me ensinou na década que trabalhamos juntos: 'Grandes líderes servem.' E demorou bastante para ele me ajudar a entender completamente o que queria dizer e como se fazia isso diariamente, por isso não espero que você compreenda essa mensagem da primeira vez que ouvir. Mas não cometa esse erro. Se não quiser servir, não pode ser um grande líder. Robert Greenleaf, fundador do movimento moderno da liderança servil, disse muito bem: 'Você deve ser um servo primeiro e um líder em segundo lugar.'"

Blake anotava.

"Você disse que havia dois motivos para não ter mencionado o desenvolvimento de liderança. Qual é o segundo?"

"Ter uma empresa que invista no desenvolvimento da liderança é muito bom, mas só isso não determinará seu sucesso. Se você puder encontrar uma empresa que preencha todos os seus critérios *e* que invista no desenvolvimento da liderança, isso seria ótimo, mas não é essencial para seu sucesso como líder."

"E o que é essencial?"

"Você tem de estar disposto a crescer."

"Só isso?", Blake olhou para Debbie com uma expressão de descrença.

"Sim, só isso. Mas há algumas coisas específicas que você pode fazer para acelerar e sustentar seu crescimento como líder."

"E quais são essas 'coisas específicas'?", Blake mais uma vez tinha a caneta a postos.

"Podemos explorá-las juntos nos meses seguintes. Por enquanto, vamos nos concentrar em conseguir-lhe um emprego." Ela sorriu.

Eles pensaram numa lista de empresas que talvez fossem boas para Blake. Debbie lhe deu uma lista de pessoas que ela conhecia e que talvez pudessem ajudá-lo. Ele saiu com o nome de várias empresas e de pessoas com as quais nunca havia entrado em contato.

Seu dever de casa era fazer contato, tentar conseguir entrevistas e se preparar para compartilhar seu progresso no encontro seguinte.

"Obrigado por seu tempo", disse Blake, finalmente sentindo que estavam progredindo.

Aprendendo a servir

Blake entrou em contato com várias empresas e conseguiu agendar entrevistas em três organizações nas quais não havia pensado antes. Ele sentiu que as entrevistas haviam sido boas. Uma das três empresas lhe ofereceu um emprego imediatamente. A segunda lhe enviou uma carta agradecendo pelo interesse e dizendo que o posto havia sido preenchido por outro candidato mais adequado às necessidades deles. A terceira empresa o convidou para outra entrevista.

Duas em três, definitivamente essa não era uma média ruim. Sua universidade de primeira linha, juntamente com um desempenho acadêmico acima da média e desenvoltura social, fez dele um jovem que a maioria das empresas aceitaria de braços abertos em sua equipe. Ele ficou feliz.

Então, pediu à primeira empresa mais tempo para tomar uma decisão. A segunda entrevista se transformou num convite para uma terceira entrevista. Ele só não sabia ao certo o que fazer com tudo isso. Seriam eles indecisos ou apenas cuidadosos? Eles estavam inseguros quanto à candidatura de Blake ao cargo? Será que tinham preocupações específicas? Ele achou que esse seria um bom assunto para conversar no café com Debbie.

"Como está a busca por emprego?", perguntou Debbie, recebendo-o com um sorriso.

"Ótima!" Blake mal conseguia conter seu entusiasmo.

"Fale mais sobre isso."

"Tive uma oferta de emprego e outra empresa me pediu para voltar para uma terceira entrevista."

"Parabéns!", disse Debbie. "Sabia que você conseguiria."

"Agora tenho de tomar uma decisão", disse Blake.

"No que você está pensando?"

"Uma das empresas disse que me contrataria como vendedor."

"Para vender o quê?"

"Alguma espécie de hardware. Fiz várias perguntas e eles disseram que me ensinariam tudo o que eu precisasse saber. E a outra...", começou Blake.

"Aquela que o convidou para uma terceira entrevista?"

"Sim. Eles têm vários cargos que acham que eu posso assumir. Mas estou um pouco assustado com as várias entrevistas."

"Por quê?"

"Parece que eles estão muito indecisos. É de se pensar que o que foi feito até agora bastaria para uma decisão mais rápida."

"Este é o objetivo?"

"O que você quer dizer?", perguntou Blake.

"O objetivo do processo de seleção é tomar uma decisão rápida?"

"Não sei", respondeu ele, dando de ombros. "Mas sempre pensei que tempo fosse dinheiro."

"Sim, tempo é dinheiro, e um processo seletivo ruim custa tempo e dinheiro. Em nossa empresa, a seleção é considerada a decisão mais importante que um líder toma. Admiro uma empresa que se esforça para fazer isso corretamente." Debbie parou para tomar um gole de chá. "E agora?", prosseguiu ela.

"Acho que preciso ir a essa terceira entrevista e, se eles me fizerem uma oferta, tomar uma decisão."

"Parece um plano", disse Debbie. "Sobre o que você gostaria de falar no nosso encontro de hoje?"

"No nosso último encontro, você mencionou duas ideias que eu gostaria de retomar. Primeiro, falou sobre o que motiva os líderes. Depois, disse que o segredo para se tornar um grande líder é crescer. Podemos falar mais sobre estas ideias?"

"Vamos falar sobre liderança. O fato de você querer falar sobre como crescer como líder me faz pensar que quer fazer isso. Mas quero ter certeza. Em nosso primeiro encontro, você estava sentindo a pressão de liderar porque era o que seu pai queria."

"Eu sei", disse Blake. "Mas pensei muito nisso. Percebi que não posso controlar se estiver num cargo formal de liderança. Mas posso controlar minha disposição para liderar. Estou disposto a crescer como líder na minha vida pessoal e também a aproveitar qualquer oportunidade para exercer a liderança empresarial que surgir."

"Esta é a melhor atitude possível", afirmou Debbie. "Parece que você tem o mesmo otimismo do seu pai. Se desenvolver sua capacidade de liderar, as oportunidades de liderar geralmente surgem. Esse assunto é mais extenso do que nosso tempo. Mas podemos começar a conversar."

Respirando fundo, ela prosseguiu:

"A motivação de um líder é importante. Seu pai costumava me perguntar – e hoje faço esta pergunta aos outros – se eu era uma líder servidora ou uma líder que servia somente aos meus propósitos."

"Não era sobre isso que você estava falando no nosso último encontro quando estávamos conversando sobre ser uma pessoa servil em primeiro lugar e um líder em segundo?"

Grandes líderes não pensam pouco sobre si mesmos;
eles apenas pensam menos em si mesmos.

"Sim", respondeu Debbie. "Os melhores líderes se voltam para os outros. Esses líderes estão constantemente tentando ajudar os outros e suas organizações a vencerem. Na verdade, ao fazerem isso, eles também vencem. Mas os melhores líderes não se motivam pelo que vão ganhar com suas ações."

"Isso me parece uma espécie de altruísmo."

"Sim, acho que você pode chamar assim. Seu pai costumava dizer que os grandes líderes não pensam pouco sobre si mesmos; eles apenas pensam menos em si mesmos."

"Isso parece duro demais", disse Blake.

"Sim, pode ser. Todos temos algumas tendências egoístas. Na verdade, toda manhã, ao acordar, você faz uma escolha: servir ou ser servido. Colocar seus interesses acima dos interesses das outras pessoas ou organização é um perigo sempre presente que os melhores líderes se esforçam para evitar."

"Nunca ouvi ninguém falar sobre isso, nem meu pai", disse Blake.

"A maioria dos líderes não fala, mas seu pai sempre me lembrava que os melhores líderes servem. Ele era um verdadeiro modelo de liderança servil."

"Não sei", murmurou Blake, pensativamente. "Quando ouço a expressão 'liderança servil', não consigo deixar de pensar numa pessoa que tenta agradar a todos e que, de algum modo, não parece liderar."

"Você pensa num carcereiro que deixa que os prisioneiros cuidem da cadeia?", perguntou Debbie, rindo.

"É", respondeu Blake.

"Muitas pessoas têm essa imagem de 'gerenciamento relaxado' a respeito da liderança servil", disse Debbie. "Mas só porque existem dois aspectos diferentes a respeito da liderança. O primeiro é a *visão/direção*. Se seu pessoal não sabe para onde vocês estão indo, há poucas chances de que cheguem lá. As perguntas às quais os líderes precisam responder são: 'Para onde você quer ir e o que estamos tentando alcançar?' Assim que você decidir para onde quer ir, a segunda parte da liderança – a *implementação* – ganha forma. Agora a questão é 'Como chegaremos lá?'. Para chegar ao destino, você tem de servir aos outros para que tenham a capacidade e a competência necessárias para a jornada."

"Interessante", disse Blake. "Nunca achei que a liderança se dividisse em duas partes."

"Apesar de ser importante que um líder estabeleça a visão e a direção, o segredo para que uma equipe ou organização realize essa visão é contar com líderes que sirvam às pessoas ajudando-as a alcançar seus objetivos."

"Ao que parece, são poucas as organizações que acabam tendo líderes assim. Em geral, você ouve falar de líderes que se tornam corruptos ou que decepcionam seus subordinados. Por quê?", perguntou Blake.

Pensativa, Debbie mexia seu chá.

"Se tivesse de dar uma resposta, diria que as duas principais razões para os líderes se desviarem do rumo são a vaidade e o medo. Para muitos líderes, a vaidade é alimentada por uma sensação extrema de autoconfiança — você pode chamar isso de confiança exagerada ou orgulho. Isso, em combinação com o medo de perder o controle, geralmente impede os líderes de servirem às pessoas. E, se houver uma terceira ou quarta razão, seria o fato de que as pessoas não estão ensinando a liderança servil e de não terem muitos exemplos de conduta positivos."

"Você disse que achava que meu pai era um líder servil", lembrou Blake.

"Sim, ele era – e o melhor que conheci", concordou Debbie. "E seu pai me ensinou que a liderança é fundamentalmente uma escolha. Você opta por se comportar do modo como destaquei ou não. E, uma vez que tenha feito sua escolha, precisa decidir quão bom você será como líder."

"Suponho que é aqui que o amadurecimento entra", tentou Blake.

"Acertou. Mas falaremos sobre isso depois que você conseguir um emprego", disse Debbie, rindo. "Por favor, me ligue para falar de sua próxima entrevista."

Conseguindo o trabalho

O dia da terceira entrevista chegou e Blake estava um pouco mais relaxado do que nas reuniões anteriores – em parte, porque já recebera outra oferta de trabalho e, em parte, porque Debbie havia eliminado um pouco de sua preocupação a respeito do tipo de empresa que realizava essas entrevistas. Ao se aproximar do edifício, ele não tinha a menor ideia do que aconteceria.

Ele foi recebido na recepção da Dynastar por Anna, sua anfitriã do departamento de Recursos Humanos. Ela agradeceu a ele novamente por investir seu tempo no processo seletivo da empresa. Anna lhe perguntou sobre sua agenda e Blake lhe disse que tinha outro compromisso naquele dia.

"Bom", disse Anna. "Esperamos concluir nosso processo seletivo hoje."

"Maravilha!", exclamou Blake. "Com quem me reunirei hoje?"

"Nós o agendamos para se reunir com várias pessoas."

Anna lhe entregou a agenda. Ao que parecia, ele tinha quatro novas entrevistas, além de um almoço com algumas pessoas e depois uma reunião com um dos senhores que ele conhecera na entrevista anterior.

"Alguma pergunta?", perguntou Anna.

"Não, tudo bem."

A primeira entrevista era com uma mulher do departamento de Marketing. Ela começou se apresentando e depois falando a Blake sobre o trabalho que tinham para ele. Ela lhe fez várias perguntas difíceis. Depois, perguntou-lhe se ele tinha alguma dúvida. Por sorte, Blake havia preparado uma listinha que incluía uma pergunta sobre os valores essenciais e a filosofia da empresa em relação ao desenvolvimento profissional. Ele ficou feliz com as respostas.

A próxima parada foi com alguém de Operações. Depois que seu anfitrião lhe fez cerca de uma dúzia de perguntas, ele perguntou se Blake tinha alguma dúvida. Como ele não havia previsto que seria entrevistado por várias pessoas, optou por fazer as mesmas perguntas que já fizera ao Marketing. Blake ficou feliz por ter obtido praticamente as mesmas respostas.

O processo se repetiu com mais duas pessoas e, depois, ele se viu almoçando com seis outros funcionários. Era um grupo de vários departamentos responsável por uma área de atuação da empresa. Cada um deles levou aproximadamente três minutos para lhe contar sua história pessoal e depois pedir a Blake que fizesse o mesmo. Por fim, alguém perguntou se Blake tinha alguma dúvida para o grupo. Nesse ponto, ele optou por não recorrer às suas perguntas preparadas.

"Por que vocês gostam de trabalhar aqui?", perguntou ele.

Blake ouviu seis respostas diferentes, mas todas pareceram sinceras.

À medida que o almoço terminava, um dos presentes disse:

"Tenho apenas mais uma pergunta para você. Por que quer trabalhar aqui?"

"Quando entrei na empresa esta manhã, não tinha certeza de que queria", respondeu Blake. "Mas tenho de dizer que, depois de passar o dia com vocês, gostaria de trabalhar aqui porque este parece ser um lugar dedicado a fazer as coisas certas pelos motivos certos."

Uma das jovens no grupo disse:

"Não coloque a Dynastar num pedestal. Como qualquer empresa, temos nossos problemas. Não somos perfeitos, mas acho que você fez um bom trabalho resumindo suas intenções. Esperamos vê-lo novamente."

Depois que o almoço terminou, Anna entrou e perguntou:

"Como foi o almoço?"

"Muito bom. Conhecer tantas pessoas diferentes me ajudou muito a entender a empresa e sua cultura corporativa."

"Tenho mais uma reunião para você antes de encerrarmos. Você se reunirá com Alan Smith."

"Quem é o Senhor Smith?"

"Nosso presidente."

"Você só pode estar brincando!" Blake pensou que fosse uma espécie de pegadinha. "Isso é um teste? Você está tentando ver se eu me apavoro? Onde está a câmera escondida?"

"Não, não é uma pegadinha. Relaxe. Alan gosta de conhecer todos os nossos candidatos nas últimas etapas do processo."

"Por quê? Ele é o presidente de uma empresa bilionária", disse Blake, sem acreditar.

"Fizemos a mesma pergunta a ele há alguns anos. Claro que este é um enorme comprometimento de tempo da parte dele. Alan nos disse que, se encontrássemos alguma coisa mais importante para ele fazer com seu tempo, ficaria feliz em fazê-la. Ele acredita que as decisões sobre os funcionários são as mais importantes que tomamos."

Anna acompanhou Blake até a sala do Senhor Smith. Era uma sala muito limpa e nada extravagante. Estantes cheias de livros ocupavam uma parede do piso ao teto.

"Boa tarde", cumprimentou o Senhor Smith num tom enérgico ao sair de trás da mesa e cumprimentar Blake.

"É um grande prazer conhecê-lo, Senhor Smith."

"Por favor, me chame de Alan", pediu ele, apontando-lhe a poltrona. Por que não se senta aqui e me conta sobre seu dia?"

Blake destacou os principais momentos do seu dia. Mesmo se sentindo pouco à vontade chamando o presidente da empresa pelo primeiro nome, ele lhe contou sobre todas as reuniões de que participara e sobre o almoço.

"Obrigado por investir seu dia conosco", disse Alan. "Como você mesmo já percebeu, achamos que as decisões sobre nossos funcionários são muito importantes. Espero que você tenha esclarecido todas as suas dúvidas."

"Sim, senhor, esclareci. E as respostas foram incrivelmente consistentes em todas as pessoas com quem me reuni."

"Somos muito gratos pela equipe que reunimos. Estas pessoas realizam um trabalho incrível. Isso não quer dizer que não temos problemas. Mas acreditamos que a resolução desses problemas é uma maneira de melhorarmos sempre. Você tem alguma pergunta que gostaria de me fazer?"

"Pelos livros que você tem aqui, vejo que gosta de ler. Por que você, como líder, continua aprendendo?"

"Acho que por vários motivos. Primeiro, acredito que minha capacidade de aprender determina minha capacidade de liderar. Se deixar de aprender, deixo de liderar. Também acredito que cada um de nós tem a oportunidade de aproveitar ao máximo os talentos e dons que nos foram confiados. Se não estiver aprendendo e crescendo, será impossível alavancar meus talentos. Suponho que você acredite no velho ditado: 'A rapidez do líder é a rapidez da equipe.' Se não estiver evoluindo, não posso esperar que os outros também evoluam. E, por fim, ao amadurecer, posso agregar mais valor para nossos funcionários e a empresa como um todo. É provável que existam outros motivos – alguns até mesmo inconscientes –, mas são estes os que me vêm à mente."

Blake sorriu, sabendo que Debbie gostaria de conversar com um líder como Alan, que obviamente queria continuar crescendo.

*Minha capacidade de aprender determina
minha capacidade de liderar. Se deixar
de aprender, deixo de liderar.*

"Tudo isso faz muito sentido", concordou Blake.

"Tenho uma pergunta para você", disse Alan. "Se lhe oferecermos um cargo na nossa equipe e lhe prometermos a possibilidade e a responsabilidade de crescer de acordo com seu desempenho, você acha que está disposto a se comprometer conosco no longo prazo?"

"Com base em tudo que vi e ouvi ao longo desse processo, sim, estou." Blake estava um pouco surpreso com sua própria resposta, mas ela era sincera. Ele sabia que aquela empresa investiria nele, e ele poderia fazer o mesmo.

"Mais uma vez obrigado pela confiança que você demonstrou se submetendo ao nosso processo seletivo. Nossa equipe avaliará sua candidatura e você deve ter uma resposta em aproximadamente uma semana. Obrigado." Alan se levantou e estendeu a mão para Blake.

"Obrigado. Independentemente do resultado, este foi um processo desafiador e útil. Aprendi muito sobre a boa liderança em funcionamento. Parabéns pelo que o senhor e sua equipe realizaram aqui."

"Como já deixei claro, ainda não terminamos", disse Alan enquanto se dirigiam à porta. "Acredito que nossos melhores dias ainda estão por vir."

Blake gostou do otimismo demonstrado por Alan.

"Só mais uma coisa", acrescentou Alan. "Sinto muito por seu pai. Ele era um ótimo líder."

"O senhor conhecia meu pai?"

"Sim. Trabalhamos juntos na diretoria de uma organização há muitos anos. Mas a influência dele sobre mim ainda permanece. Acredito que nunca conheceremos todas as organizações que ele influenciou. Mas conheço esta – somos muito melhores por causa disso." Ao chegarem à porta da sala, Alan disse: "Talvez possamos continuar esta conversa no futuro."

"Espero que sim", respondeu Blake, com sinceridade na voz.

Ao sair para o corredor, Anna surgiu para acompanhá-lo até a saída do edifício. Blake, mais uma vez, ficou impressionado com a coordenação e o profissionalismo que estava testemunhando.

"Como foi sua reunião?", perguntou Anna.

"Acho que foi boa. O Senhor Smith realmente se reúne com todos os candidatos?"

"A esta altura do processo seletivo, sim."

"Impressionante", elogiou Blake.

"Você teve um dia produtivo?", perguntou Anna.

"Acho que sim", respondeu Blake. "Seu processo seletivo foi extremamente complexo. Gostaria de agradecer à Dynastar por investir em mim, independentemente do resultado."

"Para nós, é um elogio sempre que alguém está disponível a cogitar a ideia de investir a carreira conosco", disse Anna. "Ligue-me se tiver alguma dúvida. Alguém entrará em contato com você dentro de aproximadamente uma semana."

Ao saírem do edifício, Blake cumprimentou Anna.

"Espero vê-la novamente", disse ele com um sorriso.

• • •

Depois da última rodada de entrevistas, Blake estava ansioso para conversar com Debbie. Ele entrou em contato com o escritório dela para agendar um encontro. Levaria duas semanas para que eles conseguissem se encontrar, por isso Blake optou por lhe enviar uma rápida mensagem de texto.

Debbie, obrigado por seu encorajamento. A entrevista na Dynastar hoje foi muito boa. Espero receber uma oferta dentro de uma semana. B.

Na semana seguinte, como prometido, Blake recebeu uma ligação de Tom com uma oferta de emprego. Era na equipe multidisciplinar com a qual ele havia almoçado. Tom disse que eles adorariam ouvir uma resposta dentro de uma semana. O dia para começar a trabalhar era razoavelmente flexível e o salário era semelhante ao da outra proposta.

Blake e Debbie combinaram de jantar com John, marido de Debbie. Ela escolhera um bom restaurante no centro. Não o tipo de restaurante que um aluno de faculdade geralmente escolheria, por isso Blake esperava que Debbie se oferecesse para pagar.

Durante o jantar, John e Blake passaram os primeiros 15 minutos se conhecendo. Depois a conversa se voltou para as duas empresas nas quais Blake estava pensando.

Primeiro, Debbie quis saber mais sobre a terceira rodada de entrevistas na Dynastar. Blake fez um breve resumo e depois lhe disse que havia recebido uma oferta de emprego.

"Parabéns! Isso é fantástico", disse John. "Aquela empresa tem uma ótima reputação."

"Então nos fale sobre as duas empresas e as funções que lhe ofereceram", pediu Debbie.

Blake fez um breve resumo de cada uma.

"Qual das duas você escolherá? Já decidiu?"

"Acho que vou ficar com o cargo de apoio às vendas na Dynastar Industries."

"Por quê?"

"Por vários motivos. Apesar de demorado, gostei do processo seletivo deles e gostei das pessoas que conheci – eram todas muito profissionais. Não de uma forma arrogante; adequadamente profissionais. Elas pareciam agir em harmonia. Acho que são bem lideradas. Não sei se a outra empresa não é bem liderada, mas a influência da liderança era muito mais evidente na Dynastar. E gosto da ideia de fazer parte de uma equipe, o que não aconteceria na outra empresa."

Blake recuperou o fôlego e continuou:

"Também senti que eles estão dispostos a se comprometer comigo no longo prazo. O presidente, Senhor Smith, me perguntou se eu estaria disposto a me comprometer com eles no longo prazo."

"E o que você lhe disse?", perguntou Debbie.

"Disse que sim. Não conversamos sobre o que 'longo prazo' significa. Posso ter uma interpretação diferente. Mas entendi o espírito da pergunta. Ele disse que eu seria desafiado e que minhas responsabilidades aumentariam com base no meu desempenho. Gosto disso."

"Parece bom para mim", intrometeu-se John.

"Então você já ligou para a Dynastar?", perguntou Debbie.

"Não, tenho até o fim da semana. Esqueci alguma coisa?"

"Suponho que vocês tenham conversado sobre salário."

"Sim, é quase o mesmo da outra proposta. Mas senti que vou ganhar muito mais do que um salário na Dynastar", concluiu Blake.

"Quando você começa?"

"Uma ou duas semanas depois da minha formatura, provavelmente."

"Que bom! Você e eu podemos nos reunir novamente para conversarmos sobre o segundo assunto de nosso último encontro antes de você de fato começar a trabalhar."

"Que assunto?", perguntou John.

"O problema de como crescer como líder", respondeu Debbie.

"Está certo, Debbie. O cargo que aceitei não é de liderança", disse Blake.

"Não formalmente", assinalou Debbie. "Mas, como já conversamos, liderança não é uma função do cargo ou posição. Tenho certeza de que você terá muitas oportunidades de liderar em sua nova função. Mais uma coisa. Pela descrição que você fez, a Dynastar parece a empresa perfeita. Lembre-se apenas de que não existem empresas perfeitas. Por isso não se surpreenda ao encontrar algumas falhas."

Adquirindo conhecimento

Blake aceitou a oferta de trabalho na Dynastar e estava ansioso para começar. Seu primeiro dia de trabalho seria duas semanas depois da formatura.

Isso lhe deu tempo suficiente para se acomodar em seu novo apartamento e ter mais um encontro interessante com Debbie antes do início. Dessa vez, não falariam sobre a procura de um emprego. Falariam apenas de um assunto: como crescer como líder.

Eles se encontraram na cafeteria de sempre. Depois de um cumprimento rápido, Blake foi direto ao ponto: "Fale-me mais sobre como crescer como líder."

"Com prazer", começou Debbie. "Crescer é o que separa os seres vivos dos mortos. As empresas e as pessoas que estão completamente vivas crescem – principalmente os líderes. Às vezes, as pessoas e as empresas não estão de fato vivas – não no sentido completo da palavra. Elas não estão totalmente vivas porque não estão crescendo. Pense num monitor cardíaco. Se você não estiver vivo, a linha é contínua – você claramente não está crescendo. Crescimento gera energia, vitalidade, vida e desafio. As pessoas que consideram sua vida e trabalho entediantes, sem crescimento, estão fingindo."

"Então o que estou ouvindo você dizer", disse Blake, "é que a qualidade da minha liderança será determinada pela minha decisão de crescer ou não".

"Com certeza", disse Debbie. "Você será um líder sempre preparado para o próximo desafio ou será um líder que tenta aplicar a solução de ontem aos problemas de hoje? Esse tipo de líder fracassará. A decisão de crescer faz a diferença. E não é uma decisão de curto prazo; a decisão é de crescer ao longo de toda a sua carreira e vida. Essa única decisão é fundamental para os líderes."

"Como acontece o crescimento na vida real? Preciso de uma ideia tangível do que um líder em desenvolvimento faz."

"Acho que os grandes líderes decidem crescer em quatro áreas de atuação. Gostaria de falar sobre cada uma delas com você e depois pedir que as tente, uma a uma, no seu novo trabalho. Veja o que acontece na vida real ao fazer essas coisas", sugeriu Debbie.

"Parece bom", disse Blake.

"Venho tentando pensar numa maneira de trabalhar essas quatro grandes ideias. Se você aceitar, será ótimo."

"Claro", disse Blake.

"A primeira e talvez a mais óbvia é que você precisa decidir Adquirir Conhecimento." Debbie escreveu num guardanapo:

Para ser um grande líder, você deve...

Adquirir Conhecimento

"Você sempre escreve em guardanapos?", perguntou Blake, rindo. "Hoje em dia, usam-se aparelhos eletrônicos, sabia?"

"Um líder deve estar disposto a ensinar a qualquer hora e em qualquer lugar", disse Debbie. "Já escrevi em centenas de guardanapos ao longo dos anos. Não é necessário ter eletricidade. Não sei lhe dizer quantas vezes as pessoas me perguntaram 'Posso ficar com isso?'. Os guardanapos são uma ótima ferramenta de aprendizado!"

"Então como um líder adquire conhecimento?", perguntou Blake.

"Tudo começa com a disposição para se tornar um aluno em vários cenários", disse Debbie. "Vamos analisá-los um de cada vez."

Debbie tomou fôlego e começou:

"Se pretende potencializar seu crescimento como líder, precisa começar com você mesmo. Pense nisso como uma forma de adquirir **autoconhecimento.** Você precisará de extrema autoconsciência. Quais são seus pontos fortes? Como você aprende e quais são suas preferências? Quais são suas paixões? Como você prefere liderar? Qual seu estilo dominante? Você prefere delegar funções ou dar orientação? De que tipo é sua personalidade? Quais as implicações disso?"

Ela tomou um gole de café antes de prosseguir:

"Depois, você precisa adquirir conhecimento sobre os **outros** que quer liderar – como grupo ou indivíduos. Quais as esperanças e os sonhos deles? De que eles têm medo? O que você pode aprender a respeito das famílias deles? Sobre as experiências profissionais anteriores deles? Sobre suas aspirações profissionais? Sobre suas personalidades? Como eles veem, individualmente, o reconhecimento? Eles preferem ser reconhecidos publicamente ou em particular? Eles se entusiasmariam mais com um bilhete ou um troféu? Será que um tempo de folga seria melhor do que US$100? Quanto mais você souber sobre os outros, melhor será capaz de servi-los."

Respirando fundo, ela continuou:

"Depois, você precisa adquirir conhecimento sobre seu **ramo de atuação.** O que sabe sobre ele? Como ele foi no passado? O que serve atualmente para seu ramo de atuação e que talvez possa não servir no futuro? Quem são seus principais concorrentes? Quais os pontos fortes deles? Quais são suas fraquezas? Como sua área de atuação mudou na última década?"

Blake tomava nota enquanto Debbie continuava.

"Por fim, os líderes precisam adquirir conhecimento constantemente em seu **campo de liderança.** Quais são as tendências? Quais são as melhores práticas? Quais habilidades você pode desenvolver? Quais habilidades pode aperfeiçoar? Que livros você precisa ler? Quem pode ser seu mentor? Que tipo de educação contínua faz sentido para você? O que você pode fazer para crescer como líder? Todas essas perguntas têm respostas. Encontrar as respostas é fundamental para as escolhas que um líder faz – seja se voltar à aquisição de conhecimento ou se manter complacente."

"Tudo isso parece mais fácil de dizer do que de fazer", comentou Blake. "São muitas perguntas."

"Tem razão, não é tão fácil quanto parece", concordou Debbie. "Mas adquirir conhecimento não é tão difícil quanto encontrar a cura para o câncer ou levar os homens até Marte. Deixe-me tentar lhe dar um exemplo que lhe mostrará por que isso é tão importante. Você não é um esquiador?"

"Sim."

"E suponho que você tenha competido como esquiador?"

"Sim."

"Em que modalidade?"

"Slalom."

"Diga-me se entendi direito. Durante a competição, se não conseguir passar por uma das portas, você é desclassificado, certo?"

"Sim, é isso mesmo."

"Esta é uma descrição perfeita do que acontece com muitos líderes. É uma pena que muitos líderes fracassem ao desenvolverem seus conhecimentos e habilidades, porque essa é a primeira porta. E, se eles não passarem pela primeira porta, acabam desclassificados."

"Por quê?", perguntou Blake. "Por que os líderes ignoram algo tão óbvio?"

"Por que os esquiadores deixam de passar por uma porta?"

"Por várias razões", respondeu Blake, lentamente, pensando. "A mais comum provavelmente é o excesso de velocidade."

"E por que um esquiador desceria a montanha rápido demais?", perguntou Debbie.

> *Muitos líderes não conseguem adquirir conhecimento porque têm muita coisa para fazer – eles vão rápido demais e tentam realizar muitas coisas.*

"Talvez ele esteja pressionado, tentando recompensar o tempo perdido. Talvez eles não conheçam suas limitações."

"Certo", respondeu Debbie. "Muitos líderes não conseguem adquirir conhecimento porque têm muita coisa para fazer – eles vão rápido demais e tentam realizar muitas coisas. Talvez não conheçam suas limitações. Por que mais um esquiador deixaria de passar por uma porta?"

"Falta de preparo. Eles talvez não tenham estudado o percurso direito."

"Acho que se pode dizer o mesmo de muitos líderes que não conseguem adquirir conhecimento. Eles não estão dispostos a reservar um tempo para crescer. Tempo é mesmo algo que muitos líderes se convencem de que não têm. Algum outro motivo para um esquiador deixar de passar por uma porta?"

"Sim, acho que sim", disse Blake. "Distrações."

"Acho que é seguro dizer que muitos líderes se distraem. Às vezes por fatores externos e, outras vezes, por fatores internos. Distrações vêm de todas as formas e tamanhos", disse Debbie. "Existe alguma maneira de um esquiador aumentar a chance de passar por todas as portas?"

"Deixe-me pensar sobre isso." Blake parou. Ele se lembrava de um inverno frio na montanha com seus colegas de equipe e seu técnico. "Meu técnico costuma dizer para termos foco", disse ele.

"Esta é uma grande maneira de resumir o que os líderes devem fazer. Para, consistentemente, adquirir conhecimento como líderes, temos de *focar* no crescimento. Então, você acha que pode usar essas ideias em sua nova função?"

"É muita coisa para lembrar", disse ele.

"É mesmo, por isso não se esqueça do exemplo do slalom. Tentar fazer coisas demais e permitir falta de foco podem ser atitudes desastrosas. Para não se deixar apavorar, que tal escolher uma coisa dessas quatro áreas para pôr em prática primeiro?"

"Parece bom", concordou Blake. "Durante quanto tempo devo trabalhar nestas coisas?"

"Para sempre", respondeu Debbie, rindo.

"Você está brincando?"

"Não, não estou brincando. Essas coisas precisam sempre estar no seu radar como líder, por isso não se preocupe com o tempo necessário para realizá-las. Elas farão parte de quem você é e do que faz como líder. Depois que elas fizerem parte de sua vida, realizá-las não será tão difícil quanto você pensa. Então por qual delas você começará?"

Blake olhou para seu guardanapo e depois para suas anotações.

"Anna, a moça dos Recursos Humanos, mencionou algumas das avaliações que a empresa usa. Eu podia conversar com ela e aprender mais. Com base no que você disse, aprender mais sobre minhas preferências e personalidade seria útil."

"É um ótimo começo. Que tal adquirir conhecimento sobre as pessoas com as quais você trabalha?"

"Isso será um pouco complicado. Acho que você disse que um líder precisa conhecer as pessoas que ele pretende liderar. Não estou tentando liderar ninguém. Vou ser o novato da equipe – o calouro."

"Entendo completamente", disse Debbie. "Mas lembre-se de que liderança nada tem a ver com cargo. Tem a ver com influência. Você certamente deve estar atento às circunstâncias. Mas será muito útil para você conhecer as pessoas de sua equipe. Quanto mais profundo for o conhecimento, mais eficiente você será no longo prazo. À medida que seu conhecimento sobre as pessoas for aumentando, também crescerá sua oportunidade de exercer a verdadeira liderança – mesmo sem um cargo ou função específica."

"Então o que devo fazer?", perguntou Blake.

"Tente ouvir as histórias delas. Passe algum tempo com elas, individualmente, e pergunte sobre o passado, a formação, a família e as realizações profissionais delas – qualquer coisa que elas lhe digam. Deixe que decidam o quanto de suas histórias querem compartilhar. Com o tempo, você vai aprender muito."

"Posso fazer isso."

"Sei que pode. Vamos conversar sobre seu ramo de atuação. Este talvez seja o assunto mais fácil de todos."

"Por que você diz isso?", perguntou Blake.

"Como você é o novato, pode perguntar a todos os membros da equipe: 'Quando era novo, o que foi mais útil para você quando tentou aprender mais sobre nosso ramo de atuação?' Faça uma lista de tudo que lhe disserem e comece a trabalhar nisso. Você talvez ainda queira dizer a cada pessoa que voltará com dúvidas e para ouvir mais das ideias delas."

"Posso fazer isso também."

"Sei que você pode", disse Debbie. "Por fim, como você pode começar agora mesmo a desenvolver seu conhecimento e suas habilidades como líder?"

"Acho que há muita coisa que eu poderia fazer – mas, com base no que você disse, não quero tentar fazer coisas demais."

"Isso é inteligente, porque ainda há outras coisas que você precisa fazer para crescer como líder, coisas que sequer mencionamos."

"Então o que você sugere?"

"Por ora, deixe-me lhe enviar uma lista de alguns bons livros sobre liderança. Não se sinta pressionado a lê-los rápido demais. Apenas comece a jornada."

"Quanto você lê sobre liderança?", perguntou Blake.

"Tudo que posso. Tento sempre estar lendo pelo menos um livro sobre liderança."

"Sempre?", perguntou Blake. "O que 'sempre' significa?"

"Estou *sempre* lendo sobre liderança. É minha profissão. É assim que sirvo às pessoas, como agrego valor à minha organização e como provoco impacto no mundo. Sei que um dia serei responsabilizada pela minha liderança. Pense num médico, advogado ou contador que esteja tentando se manter atualizado em seu ramo de atuação. Se você tem de ir ao médico, com que frequência quer que ele leia sobre os mais recentes avanços na medicina?"

"Sempre." Blake sorriu.

"Por isso, a leitura é uma grande base do aprendizado da liderança. Mas apenas ela é insuficiente, embora seja um excelente ponto de partida. Vou lhe enviar alguns títulos como sugestão."

"Fantástico!"

"Vamos tomar um café novamente depois que você estiver no seu emprego novo por uma ou duas semanas. Estou ansiosa para ver como você será capaz de adquirir conhecimento nas áreas que discutimos."

"Eu também", disse Blake, sorrindo.

Um começo difícil

Blake estava empolgado com seu primeiro dia na Dynastar e estava feliz por ter um emprego. O primeiro item em sua agenda era uma reunião com sua nova supervisora. O nome dela era Maggie Barnwell.

Maggie era poucos anos mais velha que Blake. Ela era conhecida como exigente, tendo os resultados como sua marca registrada.

"Bom-dia", cumprimentou Blake, batendo à porta da sala de Maggie. "Sou Blake. Hoje é meu primeiro dia. Conheci a equipe há algumas semanas, mas você não estava lá. Só quis passar e dizer 'oi'". Com isso, ele esperava que Maggie o convidasse a entrar. Mas ela não o convidou.

"Sim, ouvi dizer que você viria. Por favor, procure a Senhorita Grant para marcar uma reunião para nós na semana que vem. Dez minutos deve ser o suficiente."

Blake não sabia ao certo o que esperar, mas certamente não era aquilo. Ela não era rude – apenas muito direta e formal. *Senhorita Grant?* Ele achava que era a assistente de Maggie.

Enquanto ele ficava lá, parado, pensando em tudo isso, Maggie perguntou: "Mais alguma coisa?"

"Não, senhora. Bem, sim, só mais uma coisa. O que faço antes da nossa reunião?"

"Procure a Senhorita Grant; diga a ela que você precisa de uma mesa, um computador e um parceiro para treiná-lo."

"Sim, farei isso agora mesmo. Não vejo a hora de nos reunirmos pela primeira vez."

Mais uma vez, Blake esperava que ela dissesse algo como "Eu também". Mas ela não falou nada.

Em vez disso, Maggie disse: "Vamos nos reunir nesta semana – não mais que 10 minutos."

Blake deixou a sala de Maggie um pouco assustado. Ele perguntou a um homem no corredor onde ficava a Senhorita Grant e procurou pela mesa dela.

"Senhorita Grant?", repetiu ele inocentemente ao se aproximar da mesa.

"Oi, você deve ser Blake."

Ele ficou muito aliviado. Ela obviamente sabia que ele estava vindo e até parecia feliz em vê-lo.

"Sim, Senhorita Grant, meu nome é Blake. Maggie lhe disse que eu viria?"

"Você conheceu Maggie?", perguntou ela.

"Sim."

"E você a chamou de Maggie?"

Ele pensou naquilo por um instante. "Não, não tive a oportunidade de dizer o nome dela."

"Bom. 'Maggie' prefere ser chamada de Senhorita Barnwell."

"Tudo bem. Obrigado por me informar."

"Quanto a mim, você com certeza pode me chamar de Kristie. Só a Senhorita Barnwell me chama de Senhorita Grant", disse ela, rindo.

Blake achou que aquela era uma boa oportunidade para começar a aprender a história de outra pessoa. Por isso perguntou a Kristie se havia alguma coisa mais que ele deveria saber sobre a Senhorita Barnwell. Os minutos seguintes foram muito úteis. Blake revelou a Kristie as instruções que recebera da Senhorita Barnwell.

"Sim, previ estas coisas. Aqui está seu laptop. Sua mesa fica no fim do corredor, número 413. Vou lhe mostrar onde fica. E seu parceiro é Sam Caldwell. Ele é o melhor."

"Obrigado, Kristie", agradeceu Blake. Ele percebeu que esses poucos minutos com Kristie haviam amenizado a má impressão do primeiro encontro com a Senhorita Barnwell. Seu otimismo estava voltando.

Kristie se levantou para lhe mostrar sua mesa. Enquanto andavam pelo corredor para se encontrar com Sam, Blake se perguntou se ele seria mais parecido com a Senhorita Barnwell ou com Kristie. Ele estava rezando para que Sam fosse mais parecido com Kristie.

Depois de entrarem em outro corredor, eles se aproximaram de uma sala no fim de uma entradinha. Naquele momento, um homem muito bem-vestido, com trinta e poucos anos, estava saindo da sala. Eles quase se esbarraram.

"Desculpe", disse o homem. "Não estava prestando atenção. Sou Sam. Você deve ser Blake."

"Sim, senhor, sou eu mesmo."

"Não precisa me chamar de senhor aqui, Blake." Sam se voltou para Kristie.

"Kristie, preciso saber de mais alguma coisa além do que está no arquivo dele?"

"Só uma coisa: ele conheceu a Senhorita Barnwell."

"Bom. Mas ele provavelmente deveria ter ouvido algumas coisas antes." Sam abriu um sorriso ao olhar para Kristie.

"Sim, mas não houve nada demais", disse Kristie.

"Quando está marcada sua reunião com a Senhorita Barnwell?"

"Kristie está agendando", respondeu Blake. "Mas deveria ser nesta semana."

"Ótimo. Kristie, por favor, nos avise assim que você a tiver marcado."

"Ficarei feliz em avisar. Agora vou deixá-los para que vocês se conheçam melhor." Ao se afastar, Kristie olhou para trás e disse: "Divirtam-se!"

Sam se voltou para Blake e o olhou bem nos olhos.

"Certo, Blake, o negócio é o seguinte. Não temos um programa formal de treinamento. Sou tudo de que você precisa. Por isso vou lhe dizer o que precisa saber, mas você tem de fazer muitas perguntas e tomar nota."

Nas horas seguintes, Sam falou e Blake tomou nota. Quando Sam parava para tomar fôlego, Blake lhe fazia uma pergunta. Depois Sam disse que precisava se reunir com um cliente que estava insatisfeito com a qualidade do serviço deles. Era um dos maiores clientes de Sam.

No caminho, Sam falou um pouco sobre o cliente para Blake. "Vou apresentá-los, mas só eu falarei. Não leve isso para o lado pessoal. É seu primeiro dia." Sam sorriu.

"Sem problemas." Blake estava aliviado.

A reunião foi curta e direta. O cliente disse a Sam que, se a Dynastar não melhorasse, ele procuraria a concorrência. Ele sentia que podia conseguir o mesmo produto, ao mesmo preço, mas com serviços muito melhores.

Sam e Blake ficaram ouvindo. Sam pediu desculpas pelos problemas com a prestação de serviços e prometeu trabalhar para resolvê-los imediatamente.

No caminho de volta ao escritório, fez-se silêncio no carro. O sorriso contagiante e o espírito otimista que Sam exibira o dia todo haviam desaparecido.

Por fim, Blake quebrou o silêncio. "Temos muitos clientes como este?"

"Por sorte, não muitos", disse Sam. "Mas ele é um dos nossos maiores."

"Qual é a raiz do problema?", perguntou Blake.

"A indústria."

"A indústria?", perguntou Blake.

"Sim – o nível não para de aumentar. Nossos concorrentes estão ficando cada vez melhores."

"E nós não estamos melhorando?"

"Não, infelizmente não. Então o que antes era considerado um desempenho aceitável já não é mais. Nossa antiga reputação é justamente isso – antiga."

Blake lembrou que uma das áreas sobre as quais Debbie disse que seria importante aprender era sobre o ramo de atuação da empresa. Então, ele perguntou a Sam: "Como posso aprender mais sobre nosso ramo de atuação – principalmente nossos concorrentes?"

"Boa pergunta. Vou lhe enviar alguns artigos e alguns links para você acessar."

Aquele não parecia o caminho para a liderança, mas no coração Blake sabia que precisaria saber mais sobre essas coisas e sobre muitas outras se pretendia fazer a diferença na Dynastar.

"O que há para o restante da semana?", perguntou Blake, tentando amenizar a conversa.

"Amanhã teremos uma reunião de equipe pela manhã. Acho que você estará no departamento de Recursos Humanos amanhã à tarde, para receber orientação, e depois, no restante da semana, vamos ficar juntos. Faremos algumas ligações, iremos a algumas reuniões, provavelmente apagaremos alguns incêndios."

"Parece ótimo. Quando vou me reunir com a Senhorita Barnwell?"

"Ah, esqueci disso. Isso é mais importante do que tudo. Vou verificar com a Kristie assim que voltarmos ao escritório."

Assim que chegaram ao escritório, Kristie lhes disse que a reunião de Blake com a Senhorita Barnwell seria logo depois da reunião da equipe no dia seguinte.

"Certo", disse Sam para Blake. "Vamos nos encontrar assim que você se reunir com ela."

"Existe algo que eu precise fazer para a reunião da equipe?", perguntou Blake.

"Acho que não. Apenas esteja preparado para anotar tudo. E chegue alguns minutos antes."

"Parece fácil", observou Blake, sorrindo.

• • •

Na manhã seguinte, a reunião estava marcada para começar às 9 horas. Blake chegou cerca de 10 minutos antes, como era de costume, e ficou surpreso ao encontrar todos lá – todos, exceto a Senhorita Barnwell.

A sala estava em silêncio. Ainda bem que havia um lugar ao lado de Sam. Ele se sentou e sussurrou para Sam: "Estou atrasado?"

"Não, estamos apenas esperando pelo início da reunião."

Blake pensou que aquela era uma situação bem estranha. Ele queria saber mais, mas aquela não parecia ser a melhor hora para fazer muitas perguntas.

Às 8:55, a Senhorita Barnwell entrou.

"No mês passado, perdemos três clientes", disse ela. "Grandes clientes. Não podemos perder mais clientes. Caso contrário, haverá consequências. Também precisamos encontrar novos clientes para substituí-los. Nas próximas duas semanas, estas vendas têm de ser substituídas. Alguma pergunta?" Ela nem mesmo esperou por uma resposta. Ninguém disse nada. "Terminamos aqui."

Ela se virou e saiu.

"Esta foi a reunião?", perguntou Blake, sem acreditar. Ele olhou no seu relógio – eram apenas 8:56!

"Bem-vindo ao mundo real", disse Sam, com um sorriso amargo.

"Temos de falar sobre isso", disse Blake, ainda impressionado pelo que acabara de ver.

"Não agora. Ela está esperando você... imediatamente", disse Sam, olhando para seu relógio.

"Ah, sim, esqueci. O que devo dizer?"

"Se a história se repetir, você não dirá muita coisa."

"Algum conselho?"

"Ouça e tome nota."

Blake saiu pelo corredor rumo à sala da Senhorita Barnwell. Ele estava tentando organizar seus pensamentos. O que ele diria? O que deveria dizer? Será que deveria dizer alguma coisa? Com essas perguntas em mente, ele chegou à porta ainda sem saber ao certo o que dizer.

Naquele instante, Kristie saiu da sala da Senhorita Barnwell, dizendo: "Ela vai recebê-lo agora." Por aquele comentário, pelo menos não parecia que Blake estava atrasado.

Ele entrou na sala. Blake viu uma cadeira diante da mesa dela, mas achou melhor não se sentar.

"Bom-dia!", cumprimentou ele, sorrindo.

"Tem certeza?", perguntou ela.

"Sim, acredito que sim. Fico feliz por poder fazer parte desta empresa e por estar na sua equipe."

"Olha, sei que você é novo, mas esta bajulação não vai ajudá-lo em nada aqui."

"Se eu não estivesse sendo sincero, concordaria", disse Blake.

"Certo, então me dê um motivo. Além do seu salário, por que você está feliz por trabalhar na Dynastar?"

"A Dynastar é uma empresa com um histórico de cuidado com as pessoas – tanto os clientes quanto os empregados. Somos conhecidos por fazermos as coisas certas, pelos motivos certos. Desculpe, mas acho que foi mais de um motivo." Blake tentou sorrir um pouco para testar a reação da Senhorita Barnwell. Não houve nenhuma.

"Não acredite em tudo que ouvir", disse ela, com uma cara feia. "E o que você estava fumando para querer fazer parte da minha equipe?"

"Algumas razões me vêm à mente. Você obviamente tem talento; caso contrário, não teria tanta responsabilidade sendo tão jovem. E, ao entrar para sua equipe, acabei tendo Sam como parceiro. Disseram-me que ele é o melhor por aqui."

"Eis o meu conselho sobre Sam: aprenda tudo que puder com ele, e rápido."

Aquela era a versão de orientação dela? Aquilo era para ser entendido como um encorajamento? Ou, como Blake temia, era um sinal do futuro de Sam? Ele notara o comentário dela, durante a reunião, sobre a perda de clientes e as respectivas consequências.

"Há mais um motivo", disse Blake, hesitante. "Se me permite, acho que posso aprender muito com você."

"Não tenha tanta certeza disso", disse ela. "Olha, eu li seu arquivo. Sejamos diretos. Dizem que você tem potencial. Mas não estou interessada em potencial, apenas no desempenho. É o desempenho que paga as contas. Alguma pergunta?"

Blake não tinha certeza se deveria ou não ter alguma pergunta. Mas ele tinha.

"Só uma, por enquanto", disse ele.

A Senhorita Barnwell pareceu perturbada.

"Como posso servi-la?", perguntou Blake.

"Servir-me? Você só pode estar brincando", retrucou ela, rindo. "Seu desafio é me tolerar, e não me servir."

"Não, estou falando sério", insistiu Blake. "Farei o possível para corresponder e superar suas expectativas, como eu as entender. Mas também gostaria de servi-la, se puder."

"Garoto, você é estranho. Não conte com isso. Apenas aprenda seu trabalho rapidamente e produza resultados. Se precisar de você, a Senhorita Grant entrará em contato. Isso é tudo."

Blake era novo, mas ficou claro que aquela reunião havia acabado. *Pelo menos a Senhorita Barnwell gosta de reuniões breves*, pensou ele com um sorriso ao deixar a sala.

No corredor, Kristie e Sam estavam à espera, tentando manter a discrição.

"Como foi?", perguntou Kristie. "Você ficou lá muito tempo."

"Muito tempo?", indagou Blake, sorrindo. "Provavelmente foi o mesmo tempo da nossa reunião."

"O que ela disse?", perguntou Sam.

"Disse que sou bajulador."

"Você foi demitido?"

"Demitido? Acabei de começar."

"O último cara foi demitido na primeira reunião com ela."

"Por que vocês não me contaram?", exigiu Blake.

"Não queríamos preocupá-lo. Além disso, a sobrevivência dos mais adaptados é como as coisas geralmente funcionam neste departamento. Como você chegou até aqui, provavelmente está bem-adaptado", disse Sam.

"Por que ela acha que você é um bajulador?", perguntou Kristie.

"Deve ter sido por várias coisas. As duas principais provavelmente são o fato de eu ter dito que estou feliz por fazer parte da equipe dela e de ter perguntado como poderia servi-la."

"Você fez o quê?", Sam quase engasgou.

"Perguntei a ela como poderia servi-la."

"E o que ela respondeu?", perguntou Kristie, de olhos arregalados. "Deixe de lado a grosseria, por favor."

"Ela me mandou ter um bom desempenho. E que, se precisasse de mim, Kristie, ou melhor, a *Senhorita Grant*, me encontraria."

"Você tem sorte de ainda estar aqui", disse Kristie, meneando a cabeça.

"Bem-vindo ao mundo de acordo com a Senhorita Barnwell", disse Sam, sorrindo.

"Ainda me sinto grato por estar aqui", insistiu Blake. "Tem sido um início interessante – de várias maneiras. Acho que devemos voltar ao trabalho."

Blake não sabia quais eram os problemas com a Senhorita Barnwell, mas estava determinado a descobrir. Ele também tinha a sensação de que, se ele e Sam não fossem capazes de manter o cliente que visitaram no dia anterior, Sam talvez perdesse o emprego. Isso seria uma tragédia por vários motivos: a família de Sam – ele tinha três filhos pequenos – perderia, a empresa com certeza perderia e Blake perderia. E Blake queria muito aprender com os melhores.

Aproximando-se dos outros

O encontro com Debbie não poderia acontecer numa hora melhor. Blake tinha muitas perguntas para ela. Eles se encontraram na cafeteria de sempre, perto do escritório de Debbie.

"Como foi sua primeira semana no emprego?", perguntou Debbie.

"Uma loucura!", respondeu Blake. "Tenho muitas perguntas."

"Vamos lá. Mas primeiro me fale sobre sua equipe e sua nova supervisora."

Pelos primeiros 30 minutos, Blake contou a Debbie sobre seu novo mundo. Ele lhe disse tudo – as coisas boas, ruins e feias.

Assim que ele terminou, Debbie disse: "Parece um bom lugar."

"Exceto pelo fato de você ser uma eterna otimista, por que diria isso? Porque tenho de lhe dizer a verdade – depois de uma semana, estou me perguntando se fiz a escolha certa."

"Onde há desafio, há oportunidade. Parece-me que a empresa toda está sob a pressão da concorrência. Sua chefe parece estar mostrando sinais disso. O que eles precisam é de uma mentalidade nova e de liderança. É com essas duas coisas que você pode contribuir. E você tem sorte de estar com o melhor da área como seu parceiro. Parece mesmo muito bom para mim", concluiu ela, com um enorme sorriso.

"Mas como eu lido com minha nova supervisora?", perguntou ele.

"Acho que você teve um bom início. Não ótimo, mas bom. Ela não o demitiu na primeira reunião." Os dois riram.

"É verdade", disse Blake. "Mas qual o problema dela, além da pressão?"

"Não sei. Mas você já afirmou que quer servi-la. Por enquanto, ela pediu apenas que aprendesse e produzisse. Você consegue fazer isso."

"Sim, consigo. Sinto que esta parte está indo muito bem. A parte do aprendizado, não a da produção. Não ainda."

"Dê a si mesmo um pouco de tempo. Você só está trabalhando lá há uma semana."

"Você ficará feliz por saber que já encontrei maneiras de crescer como líder."

"Na primeira semana? Fale mais."

Ele pegou o guardanapo no qual Debbie escrevera no último encontro deles.

"Não acredito que você guardou isso", disse ela.

"Sim, planejo emoldurá-lo", brincou ele, sorrindo. "Você disse que, se eu quisesse crescer como líder, precisava começar Adquirindo Conhecimento. Eis o que consegui fazer na primeira semana. Perguntei sobre as avaliações que foram mencionadas durante meu processo seletivo. A equipe do RH conseguiu que eu realizasse uma avaliação para me ajudar a ver meus pontos fortes e outra para determinar meu tipo de personalidade. Acho que é um enorme passo rumo ao autoconhecimento. Ao entender melhor minha personalidade, serei mais capaz de impulsionar meus pontos fortes e trabalhar com mais eficiência com os outros."

"Isso é ótimo", disse Debbie.

"Também comecei a descobrir mais sobre as histórias das pessoas com quem trabalho. Conversei com Sam sobre sua vida e também falei com Kristie e outros dois membros da equipe."

"Fantástico!", exclamou Debbie. "Apenas se certifique de não ter dado por encerrada a missão 'Agora Conheço Sam e Kristie'. O que você fez foi ótimo – não pare. Seu objetivo é se aprofundar. Seu conhecimento a respeito da história das pessoas deve continuar a crescer com o tempo. Todo detalhe novo é como outra peça do quebra-cabeça. Quanto mais peças você reunir, mais será capaz de ver a verdadeira imagem de quem elas são. Parece que você teve um início extraordinário. Algo mais?"

"Quanto ao nosso ramo de atuação, aprendi na primeira semana que é um terreno em transformação. Também aprendi que a Dynastar está ficando para trás. Não sei direito ainda o que fazer a respeito disso. Mas pedi a outras fontes que me ajudassem a entender o que talvez seja útil."

"Vamos voltar à questão de como você talvez possa ajudar daqui a alguns minutos", disse Debbie.

"Por fim, sobre liderança: não me esqueci de sua sugestão sobre leitura, mas decidi não ler um livro agora. Em vez disso, entrei em contato com sua empresa e pedi os DVDs dos discursos que meu pai proferiu sobre liderança na última década. Estou assistindo a eles." Sua voz ficou embargada e ele abaixou a cabeça.

Por experiência própria, Debbie sabia que a perda ainda o estava machucando. Ela não disse nada.

Todo líder é um aprendiz.

"Isso é mesmo muito bom", admitiu ele, finalmente. "Quanto mais aprendo sobre ser um líder servidor, mais acredito que sou capaz de agir assim."

"Você *é* capaz. Você já começou sua jornada. Mesmo em sua primeira semana num trabalho exigente, você já começou a Adquirir Conhecimento em alguns cenários muito importantes. Mas, antes de prosseguirmos, deixe-me esclarecer uma coisa. Parece que você estava pedindo desculpas por não ler um livro nas últimas semanas. Você não tem de ser um leitor para ser um líder."

"Não? Achei que você tinha dito..."

"Por isso é que quero esclarecer", adiantou-se Debbie. "Ler é um importante meio de aprendizado – para muitas pessoas. É também a maneira mais rápida, para a maioria das pessoas, de adquirir informação. A maioria de nós consegue ler com muito mais rapidez do que ouvir. Mas nem todo líder é um leitor. Mas não se esqueça disso: todo líder é um aprendiz. Não importa qual mídia você prefira, precisa continuar adquirindo conhecimento."

"Obrigado por esclarecer isso. Acho que vou ler o que devo no futuro, mas isso realmente faz eu me sentir melhor quanto àqueles DVDs." Ele sorriu.

"Agora é que isso fica um pouco mais desafiador", disse Debbie.

"O que você quer dizer?"

"Pense no aprendizado da liderança como o aprendizado de uma arte marcial. À medida que você vai aprendendo e crescendo, cada nível é mais desafiador do que o anterior. Isso é bom; é necessário. O aumento da dificuldade faz você se esforçar – e crescer. Assim, quando digo que o próximo passo é um pouco mais desafiador, é uma coisa muito boa. Lembre-se: o crescimento é sempre consequência do desafio. Você desenvolve sua mente quando se vê desafiado por novas ideias ou problemas ou até mesmo por novas oportunidades. Sua força física cresce quando você desafia seu corpo por meio dos exercícios – quando você tenta levantar mais peso ou correr mais e mais rápido. O mesmo serve para sua liderança. Quando você se vê confrontado com novos desafios de liderança, tem a oportunidade de crescer. Estes desafios podem ser autoimpostos ou impostos por outras pessoas. Ao que parece, em seu novo emprego há oportunidades para ambos. Independentemente disso, o desafio é o caminho para o crescimento."

"E qual o próximo desafio?" Blake estava mais ansioso do que nunca para desenvolver sua liderança. Antes que tivesse um emprego, a liderança ainda era, de certo modo, uma ideia abstrata para ele. Agora Blake conseguia ver a realidade da liderança em detalhes. Em apenas uma semana, a liderança passou de um conceito a algo muito real.

"Para crescer como líder, você tem de Aproximar-se dos Outros", esclareceu Debbie. Ela acrescentou a expressão ao guardanapo:

Para ser um grande líder, você deve...

Adquirir Conhecimento

Aproximar-se dos Outros

"Aproximar-se dos outros? O que, exatamente, isto quer dizer?"

"Significa que precisa ser proativo ao ajudar os outros a crescerem se você pretende crescer e aprender."

"Como posso ajudar os outros a crescerem?", perguntou Blake.

"Para começar, uma das melhores maneiras de aprender é ensinando", respondeu Debbie.

"Ensinar o quê? Ainda sou um garoto. Estou trabalhando há apenas uma semana", protestou Blake.

"Não estou sugerindo que você comece a lecionar amanhã. Mas não quero que você exclua essa possibilidade. O fato é que ensinar é uma das principais formas de os líderes aprenderem. Nunca vou me esquecer de um programa de treinamento que eu estava cursando, no qual o professor nos pediu que fizéssemos três coisas. Primeiro, ele nos mandou tomar notas. Ele disse: 'Se você não fizer isso, será um aluno menos eficiente.' Eis uma das primeiras coisas que notei a seu respeito, Blake. Você gosta de tomar notas – o que significa que é um aprendiz ativo."

"O que mais você aprendeu neste programa?", indagou Blake.

"Depois o instrutor insistiu que naquela noite ou pela manhã revisássemos nossas anotações e sublinhássemos os pontos mais interessantes, reescrevendo-os à mão, com uma bela caligrafia."

"Por que uma bela caligrafia?", perguntou Blake.

"O instrutor disse que a maioria das pessoas não consulta suas anotações antes que alguém lhes faça alguma pergunta sobre o que aprenderam. Ao consultá-las posteriormente, as pessoas geralmente não conseguem ler a própria letra."

"Uau, isto é verdadeiro no meu caso", reconheceu Blake. "Tomo várias notas, mas geralmente só as consulto depois de muito tempo, quando quero me lembrar de alguma coisa. Daí tenho dificuldade para entender meus rascunhos."

"Exatamente. O instrutor insistiu que a capacidade de ler os principais pontos era fundamental, porque a terceira coisa que ele queria que fizéssemos era reunir pessoas importantes que não estavam no seminário e lhes ensinássemos o que havíamos aprendido."

"Por que ele queria que vocês fizessem isso?"

"Porque sabia que a melhor maneira de realmente aprender algo é se aproximar dos outros e ensiná-los."

"Você está sugerindo que, para ser um grande líder, preciso ser um professor numa sala de aula?"

"Não necessariamente. Às vezes os líderes não se veem numa situação de ensino **formal**. É como seu pai, acho; ele às vezes lecionava numa sala de aula e, em outras, orientava pessoas como eu. Mas esta era apenas uma parcela mínima de seu trabalho como professor. A maior parte do seu trabalho era como professor **informal**, todos os dias. Ele estava sempre à procura de situações para ensinar. E, quando as encontrava, aproveitava-se delas."

"É mesmo", disse Blake. "Eu me lembro desta faceta do meu pai. Mas ele sabia muito mais que eu."

Debbie fez que sim.

"Sabia. Mas é importante perceber que ensinar não tem a ver apenas com o compartilhamento de informações. Tem a ver também com ajudar as pessoas a aprenderem sozinhas fazendo perguntas como as suas. Sua pergunta para a Senhorita Barnwell quanto a como poderia servi-la talvez a ajude a perceber que ela é capaz de diminuir um pouco a pressão que está sentindo ao se envolver com as outras pessoas."

"Então você está sugerindo que eu talvez já tenha lecionado um pouco?", perguntou Blake.

"Sim", respondeu Debbie. "Como líder, seu papel é ensinar compartilhando informação e também fazendo perguntas instigantes. Toda interação com sua equipe pode ser uma oportunidade para ensinar."

"Acho que entendi seu argumento quanto a fazer perguntas, mas fale mais a respeito do compartilhamento de informações", pediu Blake.

"É mais do que apenas compartilhar fatos e conceitos", disse Debbie. "Descobri que uma das melhores maneiras de ensinar é contando uma história. Seu pai foi um grande contador de histórias."

Isso deixou Blake perplexo. Ele começou a se lembrar de todas as histórias que seu pai lhe havia contado ao longo dos anos e das lições que estas histórias continham.

"Você tem razão", disse ele. "Mas por quê?"

"Porque as histórias ultrapassam a mentalidade crítica das pessoas – aquela que quer contradizer fatos e conceitos. Ao mostrar seu argumento com uma história, seu ensinamento tem uma chance de chegar até elas."

"Uau, lecionar é muito mais do que eu imaginava", declarou Blake.

Como líder, seu papel é ensinar compartilhando
informações e fazendo perguntas instigantes.

"É um tema instigante", concordou Debbie. "Mas vamos voltar ao tema de quando ensinar. Não ache que você deveria esperar. Quero encorajá-lo a se abrir às possibilidades agora. Não pressione nem force. Apenas esteja atento às oportunidades – formais e informais."

"Tudo bem. Vou manter meus olhos e ouvidos abertos às oportunidades", prometeu Blake.

"Mal posso esperar para ouvir sobre elas", disse Debbie, com seu tom de voz normalmente encorajador.

"Tenho mais uma pergunta", acrescentou Blake. "Contei sobre meus primeiros encontros com minha nova supervisora. Como uma coisa assim acontece numa grande empresa como a Dynastar?"

"Você está perguntando 'Como o departamento de Recursos Humanos pode ter errado tanto na seleção de um candidato?' Não os culpe tanto. O processo seletivo tem muitas variáveis. Além disso, ela aparentemente tem talento; caso contrário, não estaria num cargo de liderança."

"Sim, mas..."

"Eis meus conselhos para você: primeiro, aprenda tudo que puder com ela – tanto as coisas boas que você gostaria de imitar quanto as coisas ruins que você não quer repetir como líder. Depois, siga seus instintos e continue à procura de novas maneiras de servi-la. Quem sabe ela pode surpreendê-lo no final?" Debbie meneou a cabeça. "Não posso deixar de me lembrar do modo como eu tratava as pessoas no início da minha carreira. Tenho a assustadora sensação de que era parecida com sua nova chefe."

"Mesmo?", perguntou Blake. Ele achava difícil de acreditar.

"Temo que sim", disse ela. "Achava que meu trabalho como gerente era designar funções, dizer às pessoas o que fazer e reprimi-las quando não exibiam um bom desempenho. Graças a seu pai, superei essa fase.

Hoje, sei que a liderança tem a ver com servir às pessoas trabalhando junto delas rumo a uma visão compartilhada."

Ao se prepararem para deixar o café, Debbie disse:

"Vamos conversar daqui a duas semanas e nos encontrar novamente em aproximadamente um mês."

"Parece ótimo", disse Blake. "Vou ligar para seu escritório para marcarmos."

"Divirta-se e continue crescendo!", sugeriu Debbie enquanto eles seguiam em direções opostas.

Juntando forças

No trabalho, a tensão estava em alta. Todos tinham sua própria versão sobre o que a Senhorita Barnwell quisera dizer com "Caso contrário, haverá consequências." Sam, em especial, estava no limite.

"Sam, andei pensando no que você disse na semana passada", começou Blake.

"O que eu disse? Provavelmente disse muita coisa."

"Você disse que nossa indústria está em transformação – que os padrões de atendimento do passado não servem mais. Quem está encarregado disso?"

"Do quê?"

"Dos padrões de atendimento."

"Espero que a produção esteja encarregada disso."

"Sam, não acho que a esperança seja uma estratégia."

Sam riu. "Você tem razão."

"Além disso, o atendimento é muito mais do que um assunto do departamento de produção. Ao que parece, ele inclui várias áreas, entre elas operações, vendas, compras e distribuição. E tenho certeza de que estou me esquecendo de alguém."

"Tem razão, Blake."

"Não estou totalmente seguro de que o departamento de Produção esteja ciente da gravidade da situação. Talvez eles não tenham conversado com a Senhorita Barnwell." Ele sorriu, tentando arrancar um sorriso de Sam.

"Você tem razão de novo", disse Sam, sem sorrir. "O que você propõe?"

"Uma equipe multidisciplinar para estudar o assunto e recomendar mudanças."

"E quem você acha que deveria liderar a equipe?", perguntou Sam.

"Você, é claro!", exclamou Blake. "Você é o melhor. E tem uma história muito real com o senhor que visitamos na semana passada."

"Isso pode dar certo." Era óbvio que Sam não estava pensando numa solução naquele nível. "Mas vou lhe dizer logo que não é da minha personalidade liderar uma equipe. O que adoro – e no que sou melhor – são as vendas. Liderar uma equipe não faz parte dos meus sonhos."

"Você consegue fazer isso uma vez?", perguntou Blake. "Gostaria de estar na equipe ao seu lado. Acho que eu poderia aprender muito sobre o negócio como um todo."

"Claro que consigo", respondeu Sam. "Honestamente, e como você é novo, talvez enxergue algumas coisas que nós ignoramos. Vou falar com a Senhorita Barnwell sobre esta ideia e seu envolvimento. Obrigado, Blake."

"Obrigado por quê?"

"Nós dois sabemos que meu emprego está em perigo. Obrigado por tentar me ajudar a salvá-lo."

• • •

Sam teve uma reunião muito curta, como sempre, com a Senhorita Barnwell. Ela não gostou da ideia de uma equipe multidisciplinar para salvar o negócio. Ela argumentou que isso parecia uma estratégia defensiva em vez de ofensiva. Sam lhe assegurou que, se a equipe tivesse sucesso, ela seria uma heroína. E, se fracassasse, ele assumiria toda a responsabilidade pelas ações da equipe. Ainda assim, ela não gostou da ideia. Seria algo demorado, disse ela, e talvez custasse algum dinheiro. Mas, diante dos problemas recentes, ela finalmente concordou. Ela também não se empolgou com o envolvimento de Blake, mas Sam lhe prometeu que Blake estava adiantado em seus compromissos e que esse projeto não o impediria de assumir a responsabilidade por uma região, como previsto. Uma verdadeira oportunidade para Aproximar-se dos Outros se abria para Blake.

Sam reuniu uma poderosa equipe. Convocou membros dos departamentos que Blake sugeriu e acrescentou mais alguns.

A primeira reunião da equipe foi muito produtiva. Eles tentaram abordar o problema e estudaram dados à procura de dicas para uma solução. Por fim, eles decidiram que precisavam de mais informações. Eles precisavam de opiniões de dois grupos diferentes de clientes: os insatisfeitos e os ex-clientes. Além disso, queriam conversar com os líderes mais experientes da empresa para ouvir a opinião deles sobre o assunto. Depois de feita, a lista se provou longa demais para que Sam e Blake realizassem as entrevistas juntos, como haviam planejado. Blake precisaria realizar muitas entrevistas, assim como os mais experientes membros da equipe. A ideia dessa tarefa o empolgou.

À medida que a equipe analisava seus últimos compromissos, Blake percebeu ali uma oportunidade de liderar.

"Obrigado por confiar em mim para conduzir essas entrevistas sem acompanhamento", disse Blake. "Como sou novo, você pode passar alguns minutos me orientando quanto às perguntas exatas que gostaria que fossem respondidas?" Blake sabia que isso o ajudaria e, o mais importante, talvez, que ajudaria o grupo todo.

Sam não perdeu a oportunidade.

"Obrigado pela ideia. Vamos passar os próximos minutos ajudando você a criar uma lista básica de perguntas. Estas serão as perguntas essenciais que todos usaremos. Depois, cada um de nós pode acrescentar as próprias perguntas se acharmos adequadas."

Nos minutos seguintes, a equipe criou três listas: uma de perguntas que seriam usadas com os clientes insatisfeitos, outra para os ex-clientes e uma terceira para os líderes mais experientes da empresa.

Blake recebeu os nomes de um ex-cliente, um cliente atual insatisfeito e o vice-presidente executivo de Marketing.

• • •

No dia seguinte, Blake tentou marcar um almoço com um de seus colegas de equipe. Ele achava que a sugestão de Debbie de saber mais sobre as pessoas com quem você trabalha era incrível.

Ele parou para ver três pessoas, mas todas se recusaram a almoçar com ele. Para a terceira pessoa, Sarah, ele disse:

"Talvez na próxima semana?"

Sarah suspirou.

"Admiro seu convite, mas não acho que na semana seguinte será possível."

"Sarah", disse Blake, "o que está acontecendo? Você é a terceira pessoa que se recusou a almoçar comigo hoje, e agora diz que na próxima semana provavelmente também não será possível. O que está havendo?"

"Ouça", disse ela. "Você é novo aqui."

"Sim, e?"

"Acho que as pessoas estão um pouco receosas pelo fato de você fazer parte da equipe multidisciplinar que vai salvar o planeta. Desculpe pelo meu sarcasmo."

"Sarah, todo mundo está sob pressão, principalmente Sam e outros com seus clientes. Você ouviu o que a Senhorita Barnwell disse: se continuarmos a perder clientes, haverá consequências. Quem melhor para liderar a equipe do que o Sam?"

"Ninguém, acho", admitiu Sarah.

"Só estou na equipe porque Sam é o líder. Você sabe que ele é meu parceiro de treinamento."

"Sim."

"Então, por favor, me dê um tempo. Sou novo e estou tentando aprender tudo que posso para poder agregar o máximo de valor possível. Precisarei de sua ajuda e da ajuda do restante da equipe. Você trabalhará comigo? Por favor?"

Sarah se sentou em silêncio, olhando para a tela do seu computador.

"Sarah", disse Blake, "você me ajudará a aprender tudo de que preciso para contribuir com a empresa?"

"Sim... desculpe. Você tem razão. Todos estamos com medo de perder o emprego. Vou ajudá-lo a aprender o que precisar se isso impedir que nossa empresa vá à falência."

"Posso lhe prometer que farei meu melhor. Agora, vamos almoçar juntos?"

"Tudo bem."

Durante o almoço, Blake aprendeu mais sobre Sarah, a equipe e o empreendimento. Eles também combinaram que, antes da próxima reunião, Blake diria à equipe o que dissera a Sarah sobre seu envolvimento na recém-criada equipe multidisciplinar. Sarah disse a Blake que sentia que sua explicação, juntamente com sua sinceridade, convenceria os membros da equipe.

A equipe tinha apenas duas semanas para concluir as entrevistas. Por isso alguns dias foram longos e agitados. Mas Blake estava gostando. Como Sarah havia previsto, sua explicação e sua paixão convenceram a equipe e lhe renderam a confiança dos membros. Ele sentiu que não apenas estava amadurecendo ao longo do processo, como também estava trabalhando em algo que ajudaria a empresa no longo prazo.

As entrevistas com os clientes foram esclarecedoras. Problemas comuns estavam emergindo. A entrevista com o vice-presidente de marketing também foi interessante. O departamento de Marketing parecia não ter ideia de que a empresa estava perdendo clientes. Eles estavam focando em conquistar novos clientes – e não em manter os existentes. Eles achavam que, se conseguissem novos clientes, alguém os manteria.

Blake apresentou suas descobertas para Sam antes da reunião seguinte.

"Obrigado, Blake. Agradeço por você fazer isso."

"Sam, tudo bem se eu realizar mais uma entrevista?", perguntou Blake.

"Com quem?", disse Sam.

"Com a Senhorita Barnwell."

"Por quê? Nosso foco são os líderes mais experientes. Ela não é uma líder experiente."

"Eu sei. Mas gostaria de ouvir a opinião dela", insistiu Blake.

"Tudo bem, mas tenha cuidado." Dessa vez foi Sam quem sorriu, mas Blake não retribuiu o sorriso.

Blake ligou para Kristie e pediu 30 minutos na agenda da Senhorita Barnwell.

"Isso é extremamente incomum", disse Kristie.

"Entendo, mas estou trabalhando nesta equipe multidisciplinar e quero me certificar e ouvir as opiniões da Senhorita Barnwell sobre o assunto."

"Vou perguntar a ela. Quando você quer fazer isso?"

"Nos próximos dias, se possível", sugeriu Blake.

"Entrarei em contato com você."

"Obrigado, Kristie."

Blake começou a pensar no seu encontro com a Senhorita Barnwell. Ele realmente queria aprender mais sobre a história dela. Dez minutos depois de falar com Kristie, a assistente ligou para Blake.

"A Senhorita Barnwell vai recebê-lo."

"Agora?", perguntou Blake. "Agora mesmo?"

"Sim. Ela teve uma reunião cancelada nesta tarde. Você deve ir agora."

Não dá mais tempo de se preparar, pensou Blake. "Já estou indo", respondeu ele. "Obrigado, Kristie."

Ao chegar à sala da Senhorita Barnwell, a porta estava fechada. Ele bateu. Não houve resposta. Blake esperou um pouco e bateu novamente. Por fim, ele a ouviu dizer: "Entre."

Blake decidiu começar a conversa dizendo que se sentia muito grato por ela lhe conceder esse tempo sem praticamente nenhum aviso prévio. Ao terminar sua fala, ele percebeu que a Senhorita Barnwell parecia diferente. Tudo bem que ele só a vira duas vezes antes, mas naqueles encontros ela fora dura e fria. Blake talvez estivesse enganado naquele instante, mas ela parecia frágil.

"Está tudo bem?", perguntou Blake.

A conexão humana que veio em seguida surpreendeu totalmente Blake.

"Era minha mãe ao telefone", disse ela. "Ela tem câncer."

"Sinto muito", disse Blake. "Vou sair e voltarei mais tarde."

"Não é necessário", retrucou a Senhorita Barnwell, com um pouco da velha grosseria voltando à sua voz.

"Você não deveria ficar com ela?"

"Ela mora no Oregon."

"Minha pergunta ainda é válida", insistiu Blake.

"Eu a visitarei em breve", disse ela, desviando o olhar.

Ela estava tentando esconder uma lágrima? Blake não tinha certeza. Ele se virou para sair.

"Vou pedir à Senhorita Grant que remarque a reunião."

"Blake..." O tom de voz dela soava mais gentil agora.

"Sim?"

"Sente-se e vamos conversar sobre o que quer que você queira conversar."

"Tudo bem."

Blake começou a falar sobre as entrevistas que até então havia realizado. A Senhorita Barnwell ouvia atentamente e até mesmo tomava notas. Ela parecia totalmente interessada e fez várias perguntas instigantes para que Blake repassasse à equipe. Blake também fez várias perguntas – ele queria ter certeza de ouvir a opinião dela sobre o assunto.

"Obrigado por seu tempo hoje. Gostaria de poder entrar em contato com você depois da próxima reunião." Blake queria se certificar de manter a porta aberta para futuras conversas.

"Tudo bem", concordou a Senhorita Barnwell. Sua voz agora parecia cansada.

"Sinto muito pela sua mãe", disse Blake. "Espero que o tratamento dê resultado."

"Não. Eles disseram que o câncer dela é incurável. Ela tem apenas alguns meses de vida."

"Sinto muito mesmo." Blake sabia que estava pisando em ovos, mas decidiu falar assim mesmo. "Olha, meu pai morreu recentemente e eu não pude me despedir. Realmente acho que você precisa visitar sua mãe. Quem sabe? Ela talvez não tenha meses, mas apenas dias."

A Senhorita Barnwell encarou Blake, boquiaberta.

"Acabei de me lembrar de quem você é", disse ela. "Você é Blake Brown."

"Sim, senhora. Perdi alguma coisa?"

"Seu pai era Jeff Brown?"

"Sim, era. Você o conheceu?"

"Assim que saí da faculdade, meu primeiro emprego foi na empresa do seu pai."

"Mesmo? Impossível!"

"Sim. Ele me demitiu depois de um ano no emprego."

Blake não sabia o que dizer, por isso não disse nada.

"Li no jornal a notícia da morte do seu pai. Mas até agora não sabia que você era filho dele. Você tem uma grande responsabilidade."

"Eu sei. E decidi corresponder a ela."

"O que você quer dizer?"

"Meu pai foi um grande homem e um grande líder. Acho que o único erro que ele cometeu foi tê-la demitido", disse Blake, sorrindo, envergonhado. "Não posso ser como meu pai e decidi não tentar. Mas tenho me dedicado a me transformar na melhor versão de mim mesmo."

Nada disso foi ensaiado. Blake estava sendo sincero e dizendo coisas que nunca dissera nem para si mesmo antes. Foi estranho, para dizer o mínimo.

"Vou lhe dizer duas coisas sobre isso. 'A melhor versão de mim mesmo' soa exatamente como algo que seu pai diria. E me demitir não foi um erro. Sinto muito pelo seu pai – ele era um bom homem."

"Sinto muito pela sua mãe. Por favor, vá visitá-la", disse Blake. "Obrigado pelo seu tempo hoje. Espero que possamos conversar novamente em breve."

Ampliando seu mundo

Enquanto Blake se preparava para seu próximo encontro com Debbie, estava com aquela sensação novamente – a sensação de que as coisas ficariam bem. Apesar de as circunstâncias parecerem ruins, ele estava otimista. Por sorte, seu grupo não perdera mais clientes, Sam ainda era seu parceiro de treinamento, a equipe multidisciplinar estava fazendo algum progresso e ele próprio ainda não havia sido demitido. Talvez tudo isso estivesse alimentando sua animação. Mas Blake sentia que havia algo mais acontecendo – algo bom –, ainda que ele não fosse capaz de identificar.

Quando Debbie chegou para o encontro na cafeteria, Blake já estava sentado à mesa, com um caderno à mão. Ele estava totalmente concentrado no trabalho – e não achava que seria capaz de suportar mais oportunidades de crescimento neste instante –, mas sua curiosidade o estava seduzindo. Ele sabia que havia mais duas formas de um líder sustentar seu crescimento e queria saber quais eram.

"Como você está?", perguntou Debbie.

"Excelente, acho", respondeu Blake.

"Você acha?"

"É, acho que as coisas estão indo bem." Blake fez o melhor para explicar seu otimismo.

"Estou empolgada por você", afirmou Debbie depois de ouvir as informações de Blake.

"O que estou deixando para trás?", perguntou Blake. "Uma parte de mim acha que eu deveria estar mais preocupado com a equipe."

"Suponho que sua satisfação profissional possa ser atribuída ao fato de estar crescendo", sugeriu Debbie.

"Tem razão, estou crescendo", disse Blake.

Ele passou os 15 minutos seguintes contando a Debbie sobre a equipe multidisciplinar e as entrevistas que estavam realizando.

"Estas são oportunidades incríveis para adquirir conhecimento e se aproximar dos outros", disse Debbie.

"O que vem em seguida?", perguntou Blake, abrindo seu caderno.

"Primeiro, vamos fazer uma revisão", disse Debbie.

Blake sorriu e tirou o guardanapo de dentro do seu caderno.

"Achei que você fosse emoldurá-lo", disse Debbie com um risinho.

"Só depois que eu tiver toda a história."

"Certo, se você quiser...", começou Debbie.

Blake a interrompeu, lendo o guardanapo:

"Para ser um grande líder, você deve Adquirir Conhecimento e Aproximar-se dos Outros."

"Você começou bem", acrescentou Debbie.

"Obrigado! É bastante trabalho – principalmente quando estou pensando em tudo isso juntamente com meu trabalho cotidiano."

"Blake." O tom de voz de Debbie e seu olhar eram mais rígidos do que o normal.

"Sim, Debbie? O que houve?"

"Olhe, você acabou de dizer uma coisa que é uma enorme armadilha para os líderes de todas as idades, e não apenas para os líderes que estão começando."

"O que eu disse?", perguntou Blake. Ele estava prestando atenção total em Debbie.

"Por favor, não pense no crescimento como uma atividade extracurricular. O crescimento, para os grandes líderes, é como respirar. Não é algo opcional. Não é algo que você faça *além* do seu trabalho cotidiano. O crescimento está na essência do seu trabalho. Os líderes – os bons líderes – estão sempre aprendendo. O modo como agem varia de líder para líder, mas não é uma opção. Fico feliz por você estar tomando nota. Quero compartilhar com você uma das reflexões mais importantes que já lhe transmiti como líder."

"Parece importante", disse Blake, ainda um pouco assustado com o ímpeto que Debbie estava demonstrando. Ele ficou mexendo com a caneta na mão. "Certo, estou preparado."

"Sua capacidade de crescer vai determinar sua capacidade de liderar. Se você estiver ocupado demais com o trabalho para crescer, sua influência e liderança se estagnarão e acabarão por desaparecer."

"Obrigado", disse Blake, ingenuamente. "Estava falando que muitas coisas estão acontecendo na empresa. Mas agradeço muito pelo alerta."

"Acho que devo explicar minha paixão em torno desse assunto. Recentemente, tivemos muitas demissões no escritório."

"E como isso se relaciona com esta conversa?"

"Eram todos líderes."

"Por que eles foram demitidos?"

Se você estiver ocupado demais com o
trabalho para crescer, sua influência e liderança
se estagnarão e acabarão por desaparecer.

"Eles foram incapazes de acompanhar o crescimento do negócio. Estive numa dessas reuniões hoje. Acho que ainda está pesando no meu coração. O homem chorou quando o demitimos."

"Há quanto tempo ele estava na empresa?" Blake estava curioso.

"Há 14 anos."

"Uau! É muita experiência."

"Não, são muitos anos. Como ele não estava aprendendo e crescendo, repetiu seu primeiro ano de trabalho 14 vezes", disse Debbie. "O mundo está se transformando rápido demais para se contar com sucessos e conhecimentos do passado. Os líderes precisam crescer continuamente."

"Estou no meu emprego há apenas três meses, mas já vi isso com clareza", disse Blake. "Foi exatamente isso que nos causou problemas. Não estávamos desenvolvendo nossa compreensão quanto às necessidades e expectativas de nossos clientes. Não estávamos desenvolvendo nossos processos e sistemas. Acho que isso mostrava falta de crescimento dos nossos líderes."

"Com base no que você me disse, acho que tem razão. A que outras conclusões você chegou?", perguntou Debbie.

"Ainda não concluímos nosso trabalho, mas, com base nessa conversa, acho que a saída para essa confusão é o caminho do crescimento. Temos uma reunião de equipe na segunda-feira pela manhã. Vou mantê-la atualizada. Mas agora estou morrendo de curiosidade: qual o próximo caminho para o crescimento?"

"Para crescer continuamente como líder, você tem de Ampliar seu Mundo", disse Debbie. "E tem de fazer isso dentro e fora do trabalho." Ela acrescentou ao guardanapo:

Para ser um grande líder, você deve...

Adquirir Conhecimento

Aproximar-se dos Outros

Ampliar seu Mundo

"'Ampliar seu Mundo'? O que isso significa?", perguntou Blake.

"O que você acha que significa?", retrucou Debbie.

"Não tenho certeza", admitiu Blake.

"Tente", propôs Debbie.

"Certo. O mundo é um lugar grande. Suponho que, se viajar para o exterior, ampliarei meu mundo, certo?", disse Blake, meio hesitante.

"É uma maneira de fazer isso."

"Mas com certeza não era isso que você tinha em mente." Blake percebia que a ideia que Debbie fazia era maior.

"Eis a essência da ideia: você agregará muito mais valor como líder se abrir e ampliar seu mundo com experiências de liderança e de vida."

"Então o que significa para mim, como um jovem num trabalho novo e sem cargo de liderança?"

"Significa que você precisa estar à procura de experiências dentro e fora do ambiente profissional, experiências que o tornarão um líder melhor com o tempo."

"Ajude-me com este 'com o tempo'", pediu Blake. Ele ainda não sabia ao certo como essa ideia estava associada ao crescimento como líder.

"Eis aqui uma analogia para que você pense. Lembro-me do seu pai me dizendo que sua mãe é uma artista."

"Sim, ela pinta."

"Quando ela pinta, suponho que use uma palheta e que, nessa palheta, aplique as tintas. E ela faz isso antes de começar a pintar."

"Sim, acho que sim. Nunca pensei na sequência. Apenas admiramos o produto final – a pintura."

"Ótimo. É isso que estou tentando dizer. A vida de um líder é sua palheta. As experiências que temos são como as cores que sua mãe aplica à palheta. Quanto mais cores ela aplica à palheta, mais cores pode usar no quadro. O mesmo serve para um líder."

"Entendi. Quanto mais experiência adquirimos, tanto na vida quanto no trabalho, mais cores temos à nossa disposição."

"Sim, você entendeu corretamente. E, quanto mais cores você tem, maior a probabilidade de criar uma obra-prima – na vida e no trabalho. Além disso", acrescentou Debbie, "as pessoas não veem sua mãe durante horas, dias e semanas criando a pintura – elas apenas admiram o produto final. Com os líderes, as pessoas raramente veem as atividades de bastidores – elas veem apenas o trabalho final. Por isso, sugiro que, se você quer crescer como líder, além de Adquirir Conhecimento e Aproximar-se dos Outros, também tem de Ampliar seu Mundo".

"Certo, concordo com seu conceito. O que faço?"

"Vamos começar com seu mundo **no trabalho**", sugeriu Debbie. "Vamos pensar nas coisas que você poderia fazer lá."

Vinte minutos mais tarde, Debbie e Blake haviam criado a seguinte lista:

Como ampliar seu mundo no trabalho

- Acompanhar alguém de outro departamento ou equipe.
- Trabalhar nas instalações de um cliente durante um dia – ou mais.
- Ouvir as ligações dos clientes.
- Viajar juntamente com os líderes mais experientes da empresa.
- Trabalhar numa equipe multidisciplinar.
- Começar a reunir as melhores práticas dos funcionários de melhor desempenho.
- Entrevistar recém-aposentados e pedir o conselho deles nos temas atuais.
- Ir à inauguração de uma nova indústria.
- Recorrer aos arquivos e assistir às apresentações da última década.
- Encontrar-se com líderes de outros departamentos a fim de entender os problemas.
- Almoçar com alguém diferente a cada dia até se esgotarem as pessoas e depois recomeçar.
- Visitar as regiões mais bem-sucedidas da empresa.
- Encontrar um mentor (formal ou informal) de outro departamento.
- Pedir a colaboração daqueles que melhor personificam os valores fundamentais da empresa e passar algum tempo com eles.
- Participar de eventos abertos de treinamento que ampliarão sua perspectiva.
- Liderar tudo que puder – uma equipe de projeto, um grupo para uma atividade específica, um grupo de trabalho, uma campanha de arrecadação de fundos, um esforço corporativo de exercícios físicos, uma reunião de departamento, uma doação de sangue corporativa, uma equipe de melhora contínua ou uma festa de Natal. É grande a probabilidade de você aprender mais liderando do que fazendo outra coisa.

"Certo", disse Blake. "Estou começando a entender sua afirmação de que tudo isso está ficando um pouco mais desafiador. Suponho que eu tenha de fazer estas coisas e ainda trabalhar para Adquirir Conhecimento e Aproximar-me dos Outros."

"Sim, isso mesmo. Mas lembre-se de que você está envolvido nisso no longo prazo. Você tem uma carreira de 50 anos pela frente. As coisas que discutimos não são atividades a serem realizadas e eliminadas de sua lista. A ideia toda de como crescer como líder pode ser sintetizada como uma jornada interminável. Você tem de se tornar um líder para a vida. Não tente encerrar esta jornada. Se um dia você achar que está deixando de crescer como líder, não terá futuro como líder."

"Entendi", disse Blake.

"Por sinal, ainda nem falamos sobre como Ampliar seu Mundo **fora do trabalho**. Estas cores também fazem parte da sua palheta de liderança."

"Não que eu tenha tempo para isso agora." Blake insinuou um sorriso para Debbie, olhando para a lista que haviam acabado de criar. "Mas de que tipo de coisas você está falando quando se refere ao mundo fora do trabalho?"

"Vamos fazer uma lista para você ter um ponto de partida. Direi uma coisa e você dirá a próxima. À medida que avançarmos, você pode escrever a lista no seu caderno de anotações."

"Certo", concordou Blake.

"Viajar", começou Debbie. "Viajar é uma boa maneira de Ampliar seu Mundo."

Aquilo fez muito sentido para Blake ao ouvir Debbie citar. O semestre que ele passou no exterior estudando foi uma experiência transformadora.

"Sua vez", disse Debbie.

"Trabalho voluntário", sugeriu Blake.

"Bom. Que tal um passatempo? Ou melhor, novos passatempos?"

"Ajude-me com este", pediu Blake ao anotá-lo.

"Quando você pratica um novo passatempo, qual a primeira coisa que faz?"

Com uma simples pergunta, Blake entendeu o que Debbie estava querendo dizer.

"Você estuda e aprende tudo que pode sobre o novo mundo no qual está entrando. Você cresce."

"Exatamente. O que mais?"

Novamente, em apenas poucos minutos, eles criaram uma lista substancial.

Como ampliar seu mundo fora do trabalho

* Viagens
* Trabalho voluntário
* Passatempos
* Aprendizado de idiomas
* Tempo com pessoas interessantes
* Muita leitura – para além de assuntos como seu ramo de atuação e liderança
* Projetos domésticos – para além de sua zona de conforto
* Mentores de áreas sem relação com a sua
* Exposição às artes – museus, peças de teatro, concertos
* Campanha para um político local
* Aventuras – saltos de paraquedas, rafting, mergulho, alpinismo, voo de balão etc.

"É uma lista incrível", disse Blake.

"É, porém o mais incrível é o impacto que esse tipo de estilo de vida tem sobre um líder. Os líderes que optam por Ampliar seu Mundo – dentro e fora do ambiente de trabalho – gozam de enormes benefícios."

"Entendo, mas me dê alguns dos benefícios que você vê", pediu Blake.

"Quando, como líder, decide conscientemente Ampliar seu Mundo, você é mais criativo e mais satisfeito. Você contribui mais para a organização a que serve. E raramente se entedia."

"Vou manter essa lista à mão e tentar incorporar algumas dessas coisas à minha rotina diária", disse Blake. "Obrigado por me ajudar com isso. As coisas que você está compartilhando comigo não são coisas sobre as quais se falam na escola."

"Eu sei. Fico feliz por ajudá-lo", disse Debbie. "Será divertido ver seu mundo se ampliar à medida que você coloca essas ideias em prática."

Um plano de ação

A equipe encarregada de melhorar os serviços prestados estava fazendo progresso – pelo menos eles sentiam que estava. As entrevistas foram concluídas. Todos concordavam que haviam aprendido muito sobre as expectativas de seus clientes. Eles até mesmo identificaram algumas recomendações para melhorar as coisas. Agora tinham de pensar no que fazer em seguida. Quando a equipe foi formada, ninguém pensou nas etapas seguintes. A equipe não tinha autoridade para promover transformações; eles podiam apenas fazer recomendações. E, como os problemas eram extremamente multidisciplinares, as soluções também passariam por vários departamentos. Sam chamou a atenção do grupo e agradeceu a todos pelo trabalho de realização das entrevistas – e por terem feito isso com rapidez.

"Hoje precisamos discutir o que vem a seguir nesse projeto", disse ele.

Essa declaração deu início a uma animada conversa sobre os próximos passos possíveis. As ideias iam desde o absurdo até o óbvio. Mas, quanto mais o grupo falava, mais distantes eles pareciam do consenso. Blake ficou quieto durante todo o diálogo – ouvindo e tomando nota. Ele sentia que havia melhorado nas duas coisas durante aquele curto período na Dynastar.

Depois de aproximadamente 90 minutos, Sam olhou para Blake e disse:

"O que você vê e que estamos ignorando? Você era o novato; você deve ter uma visão nova a respeito de tudo isso."

"Ainda sou o novato, por isso devo estar deixando de ver alguma coisa, mas me parece que devemos considerar duas coisas", começou Blake. Ele olhou para os presentes na sala para ver se podia continuar. Blake ficou agradavelmente surpreso – parecia que as pessoas estavam ouvindo.

"Primeiro, que tal se resumíssemos nossas descobertas? Aprendemos pelo menos 100 coisas, mas nem todas elas são importantes. Será que podemos criar uma lista das 5 ou 10 coisas mais importantes que aprendemos?"

"Para que isso serviria?", perguntou um membro mais experiente da equipe.

Sam interveio.

"Isso nos daria um pouco de foco – e, com sorte, um ponto de partida. Provavelmente não podemos, ou não devemos, atacar as 100 coisas de uma só vez, mas gosto da ideia de uma lista curta. Obrigado por essa ideia, Blake. Algo mais?"

O apoio de Sam à ideia foi um grande sinal de credibilidade para Blake.

"Minha segunda ideia é que devemos fazer algumas recomendações com relação a cada grande problema", disse Blake. "Talvez não tenhamos a solução final, mas possamos sugerir atitudes construtivas." Blake achava que aquilo fazia sentido. Ele se lembrou de seu pai falando sobre como admirava os líderes que sugeriam soluções para os problemas.

"Blake, acho que você identificou a essência do que estávamos encarregados de fazer. Acho que estamos tendo dificuldade para chegar até lá porque estamos resolver 100 coisas diferentes. Obrigado! Então", continuou Sam, "vamos começar identificando tudo o que aprendemos com nossas entrevistas e depois vamos organizar uma lista por ordem de prioridade. Depois, com uma lista muito menor, vamos focar em nossas recomendações."

O balanço da reunião foi extremamente positivo. A equipe não concluiu o trabalho, mas deu enormes passos. Eles fizeram um acordo sobre quem faria o que e quando, e marcaram uma próxima reunião.

"Certo", concordou Sam. "Esta reunião está..."

"Sam, desculpe por interrompê-lo", disse Blake. "Mas tenho mais uma pergunta."

"O que foi, Blake?"

"Para quem estamos criando essa apresentação?"

"É uma ótima pergunta", disse Sam. "O que vocês acham?", perguntou ele à equipe.

Todos na sala fizeram silêncio. Era como se ninguém tivesse pensado naquilo até aquele momento.

"Blake, para quem você acha que é esta apresentação?", perguntou Sam.

"Não sei, mas acho que isso influenciará a maneira como apresentaremos nossas descobertas e recomendações." Praticamente todos concordaram.

"Vamos acrescentar isso às nossas ações", disse Sam. "Vamos todos pensar em para quem devemos apresentar nossas descobertas. Mais uma vez, obrigado, Blake. Foi uma excelente ideia. Reunião encerrada."

Depois da reunião, Sam se aproximou de Blake e disse:

"Cara, você foi muito bom hoje. Você nos tirou do atoleiro. Estávamos patinando. Obrigado!"

"Fico feliz por poder ajudar. Também agradeço por você ter investido tanto me ajudando a crescer."

"Faz parte do meu trabalho."

"Discordo", disse Blake educadamente. "Você fez muito mais do que lhe é exigido. Por quê?"

"Não sei", respondeu Sam.

"Acho que você sabe." Blake insistiu só um pouco.

"Talvez."

"Talvez o quê?", perguntou Blake.

"Talvez eu saiba por que faço um pouco mais por você", respondeu Sam.

"E?" Blake estava esperando.

"Por dois motivos, acho. Tentar ajudá-lo... me ajuda. Tenho de estar no meu melhor momento se preciso ajudá-lo."

Tentar ajudá-lo... me ajuda.

"Algum outro motivo?"

"Sim. Alguém me ajudou há alguns anos e eu sempre fui grato. Acho que estou tentando retribuir."

"Obrigado, Sam! O que posso fazer por você?"

"Você já está fazendo. Hoje foi muito bom. Se essa equipe tiver sucesso, talvez eu possa realmente voltar ao meu primeiro amor: as vendas."

A gratidão de Sam era evidente.

"Obrigado por me incluir."

Enquanto Blake se afastava, Sam o chamou e disse:

"Há uma coisa que você pode fazer."

"O que seria?"

"Retribuir. Algum dia você será capaz de ajudar um novato a ter um bom começo. Invista seu tempo – faça isso por mim."

"Pode contar com isso", disse Blake, rindo. O encorajamento de Debbie para que ele ajudasse os outros a crescer lhe veio à mente. "Vamos almoçar juntos mais tarde."

"Certo, para onde você está indo agora?"

"Vou me encontrar com a Senhorita Barnwell."

"Ela ligou? Se ligou, não fiquei sabendo."

"Não. Vou ouvir a opinião dela sobre para quem é esta apresentação."

Sam meneou a cabeça, descrente.

"Você é um homem corajoso. Por favor, não seja demitido."

Blake encontrou Kristie. Ele lhe disse que precisava muito de 15 minutos com a Senhorita Barnwell.

"É muito tempo", argumentou Kristie. "Você sabe que ela gosta de reuniões curtas."

Blake queria que Kristie estivesse brincando, mas ele sabia, por causa dos poucos encontros que tivera com a Senhorita Barnwell, que ela estava falando muito sério.

"Ela vai perguntar por que você quer vê-la", acrescentou Kristie.

"Por favor, diga-lhe que tenho dois assuntos. Um é pedir o conselho dela sobre nossa equipe multidisciplinar. O outro é particular."

"Certo, vou tentar. Mas não espere vê-la ainda esta semana. Ou melhor, deixe-me colocar de outra maneira. Não espere nada."

"Obrigado, Kristie! Agradeço por sua disposição em ajudar."

Cerca de uma hora mais tarde, Kristie ligou e disse:

"Você não vai acreditar, mas a Senhorita Barnwell vai recebê-lo às 14 horas."

"Sabia que você conseguiria isso para mim. Obrigado!"

No dia seguinte, Blake foi ao encontro da Senhorita Barnwell. Ao entrar em sua sala, ele não se sentou. Blake ficou de pé e disse:

"Obrigado por me conceder alguns minutos hoje."

"Sente-se", disse a Senhorita Barnwell.

"A Senhorita Grant me disse que você tem um assunto particular que quer discutir. Você está pedindo demissão?"

"Não", respondeu Blake, rindo. "O assunto particular tem a ver com você, não comigo."

"Como?", perguntou a Senhorita Barnwell.

"Queria saber sobre sua mãe. Não mencionei isso para a Senhorita Grant porque não sabia se você havia ou não contado a ela."

"Ah." Sua postura mudou e ela levou as mãos à cabeça. "Não, não contei a ninguém... Você contou?", perguntou ela, encarando Blake.

"Não. Para ninguém."

"Bom."

"Como está sua mãe?"

"Ainda está viva."

"Você a visitou?"

"Ainda não. Estou esperando a melhor hora."

"Perdoe-me a ousadia, mas a hora é agora", disse Blake, com firmeza. "Consiga uma semana de férias e entre no avião hoje mesmo. O que a está impedindo?"

"Não quero...", começou a Senhorita Barnwell, interrompendo-se no meio da frase.

"Vê-la morrendo?", perguntou Blake, concluindo a ideia.

"Não estou preparada para lidar com a morte dela", confessou a Senhorita Barnwell.

"Se eu fosse você, teria um medo maior ainda."

"Qual?"

"Meu maior medo seria o de minha mãe morrer sem que eu a visse. Esse tipo de arrependimento nunca desaparece." Blake podia sentir o sofrimento das coisas que ele deveria ter dito ao seu pai, mas não disse.

"Certo, vou pensar em sua sugestão. O que mais você quer hoje?"

"Algo muito menos importante. Preciso da sua opinião sobre uma coisa." Blake lhe contou rapidamente em que ponto estavam na jornada. "Quem é seu público-alvo para esta apresentação?", perguntou ele.

"Esta é fácil: você tem duas plateias", disse a Senhorita Barnwell quase instantaneamente.

"Estou ouvindo."

"Primeiro, a equipe de líderes mais experientes – o Senhor Smith e seus subordinados diretos. Eles podem decidir o que querem fazer com suas recomendações. Esse é o público-alvo de curto prazo."

"De curto prazo? Não sabia que havia um público-alvo de longo prazo", admitiu Blake.

"Acho que você e sua equipe deveriam responder a uma pergunta fundamental: 'Como chegamos a esta situação?'"

"Acho que temos a resposta."

"Temos?", perguntou a Senhorita Barnwell, parecendo surpresa.

"A equipe ainda não discutiu o assunto, mas acho que sei o que concluiremos."

"E?" A Senhorita Barnwell ficou esperando.

"Acho que não conseguimos crescer como líderes e como uma organização", disse Blake.

"É uma maneira interessante de pensar no assunto."

"Em parte, crescer significa ouvir e atender os clientes, além de estar atento às mudanças na indústria. Não fizemos nada disso muito bem."

"Isso é muito útil e afirmativo."

"Afirmativo?", indagou Blake.

"Sim, isso confirma o que eu pensava sobre o público-alvo de longo prazo. Suas descobertas – principalmente sobre como chegamos a esta situação – precisam ser compartilhadas com *todos* os nossos líderes. Temos de falar a eles sobre a mentalidade que fez com que perdêssemos nossa posição e sobre as práticas necessárias para evitar que isto se repita no futuro."

"Parece uma oportunidade para ensinar", disse Blake. "Obrigado por suas opiniões." Ele se levantou para sair. "Mais alguma coisa que eu possa fazer por você hoje?"

"Só o que lhe disse em nosso primeiro encontro: tolere-me e produza resultados." Ela sorriu um sorriso triste.

"Por favor, vá visitar sua mãe. Hoje."

Blake se virou e saiu. Ele percebeu que acabara de ter a última palavra com a Senhorita Barnwell. Blake tinha a sensação de que isso era algo que acontecia raramente. Ele esperava que isso significasse que ela estava ouvindo.

Caminhando rumo à sabedoria

Debbie e Blake concordaram em se encontrar no café, mas Blake perguntou se eles podiam se encontrar mais tarde que o normal. Para Debbie, não havia problema com isso.

Dessa vez foi Debbie quem chegou primeiro. Blake veio correndo, ainda cinco minutos adiantado, mas sentindo-se atrasado.

Antes mesmo que ele dissesse "oi", Blake se adiantou:

"Desculpe, mas estou atrasado." Ele estava quase sem fôlego.

"Boa-noite, Blake", disse Debbie. "Você não está atrasado."

"Eu sabia que estava em cima da hora. Tive uma reunião no final da tarde."

"Isso é um pouco incomum", disse Debbie. "Por que vocês se reuniram tão tarde?"

"Ah, mas não foi uma reunião de trabalho. Decidi procurar um modo de aplicar seus conceitos de crescimento fora do trabalho."

"Que bom! E o que você inventou?", perguntou Debbie, sorrindo.

"Como você sabe", começou ele, "estou bastante ocupado. Mas não queria usar isso como desculpa. Em vez disso, comecei a rever minhas anotações, à procura de um meio de fazer várias coisas".

"Você estava à procura de uma maneira de fazer várias coisas relacionadas ao seu desenvolvimento como líder?"

"Sim, queria Aproximar-me dos Outros de uma maneira que estivesse de acordo com quem sou e pelo que sou apaixonado. Você se lembra de quando conversamos sobre meus pontos fortes e paixões?"

"Sim, lembro."

"Uma das coisas de que sempre gostei foi trabalhar com crianças."

"Sim, lembro. Você foi monitor de acampamento em suas férias de verão durante a escola."

"Veja se você consegue relacionar as coisas. Adoro crianças. Uma maneira de crescer como líder é por meio de experiências multiculturais. Além do mais, os líderes crescem quando ajudam outros líderes a crescer. O que você consegue ao combinar isso?", perguntou Blake.

"Estou louca para saber", respondeu Debbie.

"Eu me inscrevi como tutor de uma criança da Ásia. Estou lecionando inglês como segundo idioma."

"Maravilhoso! Estou orgulhosa de você. Acho que isso vai ajudá-lo mais do que você imagina."

"Talvez sim, talvez não. Mas esta não é minha motivação. Estava mesmo procurando uma maneira de ajudar outra pessoa. Sam me ajudou no trabalho e me desafiou a retribuir isso no futuro – ajudar alguém a começar bem. Decidi que não precisava esperar tanto. Apesar de saber que terei alguns benefícios pessoais, estou fazendo isso, na verdade, por Deshi – este é o nome do meu novo amigo."

"Esta noite foi seu primeiro encontro com Deshi?"

"Sim."

"E como foi?"

"Desafiador. Ele realmente não fala muito inglês. Acho que o máximo que consegui dizer esta noite foi 'Meu nome é Blake'." Ele riu.

"Não, você fez uma coisa muito mais importante: expressou que se importa. Mal posso esperar para ver como isso se desenrolará nas próximas semanas e meses. Quero ouvir tudo o que você aprender ao longo dessa aventura." Debbie tomou um gole de chá. "E o que está acontecendo no trabalho?"

Blake passou os 15 minutos seguintes relatando a situação para Debbie.

"Parece que você está encontrando oportunidades de ajudar os outros a crescerem. Vejo várias oportunidades de ensinar – formal e informalmente."

"Tem razão." Para Blake, não havia dúvida de que ele estava amadurecendo como líder. "No tempo que nos resta", disse ele, "quero muito saber qual o quarto cenário no qual os líderes precisam crescer".

"Guardanapo, por favor", disse Debbie.

Blake abriu seu caderno e dele tirou o artefato dos encontros anteriores.

"Sabe o que isso se tornou?", perguntou Blake.

"O quê?"

"É mais um mapa do tesouro do que um guardanapo."

"Gosto do espírito dessa metáfora", disse Debbie, "mas há uma diferença fundamental".

"Qual é?"

"No mapa do tesouro, a recompensa está no final."

Blake concluiu por si mesmo.

"E esse tesouro pode ser encontrado ao longo de toda a jornada."

"Exatamente. Para o líder, o crescimento é o tesouro que financia a jornada futura. Se você deixar de procurar o tesouro ao longo do caminho, sua jornada termina. Por isso o que estou ensinando se aplica a líderes em todas as fases de sua carreira."

Ambos estavam, agora, olhando para as ideias que Debbie transmitira antes.

"Há, no mínimo, mais uma maneira usada pelos melhores líderes para crescer", disse ela. "À medida que vão avançando em sua jornada, eles Caminham Rumo à Sabedoria." Mais uma vez, ela escreveu no guardanapo.

> Para ser um grande líder, você deve...
>
> **Adquirir Conhecimento**
>
> **Aproximar-se dos Outros**
>
> **Ampliar seu Mundo**
>
> **Caminhar Rumo à Sabedoria**

"Isso soa profundo e quase presunçoso", disse Blake. "Eu – ou qualquer líder – posso mesmo influenciar o desenvolvimento da minha sabedoria?"

"Com certeza", respondeu Debbie.

"Por favor, fale-me mais sobre isso." Blake sentia que aquela era a mais difícil das quatro ideias que ele e Debbie discutiram.

"Quais são suas dúvidas? Quais são seus problemas com esse conceito?"

A sabedoria é a aplicação de conhecimento, discernimento, inteligência, experiência e justiça a fim de tomar boas decisões quando a resposta não for óbvia.

"Ao que parece, a sabedoria não é apenas algo dado a pessoas especiais, como os santos e os sábios. Suponho que, se você adquirir conhecimento, aproximar-se dos outros e ampliar seu mundo, ficará mais sábio. Isso acontece automaticamente?"

"A sabedoria pode ser uma consequência de se adquirir conhecimento, de se aproximar dos outros e de ampliar seu mundo. Mas *não é* automática. Como você definiria a sabedoria, Blake?"

"Não sei. Terei de pensar nisso por alguns instantes."

Eles ficaram sentados em silêncio por algum tempo, enquanto Blake refletia.

"Certo, aqui vai. A sabedoria é a capacidade de aplicar seu conhecimento, técnicas e lições de vida nas ocasiões e na hora adequadas."

"É uma bela definição. Sabedoria é diferente de conhecimento. É algo mais profundo do que o mero conhecimento. É a aplicação do conhecimento, discernimento, inteligência, experiência e justiça a fim de tomar boas decisões quando a resposta não for óbvia. A capacidade de fazer isso não é automática. Há um provérbio antigo que nos desafia a *buscarmos* a sabedoria. É isso o que os melhores líderes fazem."

"E como você busca a sabedoria?", perguntou Blake.

"Não existe uma fórmula para se ganhar sabedoria, mas, para isso, geralmente é necessário pelo menos um destes quatro elementos: uma autoavaliação rigorosa, uma opinião honesta, o conselho dos outros e tempo."

"Parece que você pensou bastante nisso", disse Blake.

"Razoavelmente", admitiu Debbie. "Vamos analisar rapidamente cada elemento."

"Tudo bem", disse Blake.

"A **autoavaliação** é a capacidade de se olhar no espelho e dizer a verdade a si mesmo. Não a sua versão da verdade – a verdade em si. O que você está fazendo bem? Com o que está tendo dificuldade? Quais são seus verdadeiros pontos fortes? Quais são suas fraquezas? O que você está fazendo e que está agregando mais valor? O que você está fazendo e que está agregando menos valor? Foi Sócrates quem disse que 'uma vida que não é examinada não vale a pena ser vivida'. A autoavaliação é um excelente ponto de partida para buscarmos a sabedoria."

Quando Debbie parou de falar, Blake disse:

"Isso parece difícil."

"É uma das coisas mais difíceis que um líder tem de fazer. E, para piorar, quanto mais alto você sobe na hierarquia corporativa, mais difícil é fazer uma autoavaliação honesta."

"Por quê?", perguntou Blake.

"Vários motivos, provavelmente. Mas dois me vêm imediatamente à mente. Líderes bem-sucedidos geralmente se tornam vítimas de seus próprios relatórios públicos de sucesso. Se a empresa que lideram é bem-sucedida, eles podem supervalorizar a contribuição que deram para esse sucesso. Isso gera orgulho, egolatria e outras atitudes destrutivas que impedem a autoavaliação honesta. O segundo motivo é que os líderes geralmente se afastam do trabalho real e cotidiano. Não faz parte da rotina deles. Como resultado, eles se isolam. E o isolamento impede a autoavaliação honesta."

"Isso me faz lembrar de uma história que ouvi recentemente sobre um homem que era dono de uma rede de hotéis", disse Blake. "Ele estava ouvindo reclamações sobre o serviço em seus hotéis. Ele comentou que, pessoalmente, nunca teve uma experiência ruim em seus hotéis. Com certeza, ele estava perdido. É sobre esse tipo de coisa que você está falando?"

"Exatamente", respondeu Debbie.

"Então, como um líder mantém a perspectiva e faz uma autoavaliação honesta e rigorosa?", perguntou Blake.

"Eis aqui algumas ideias: faça a si mesmo as perguntas que acabamos de citar regularmente. Transforme-se num míssil guiado para buscar a verdade. E *jamais* confie totalmente na autoavaliação. Ela pode lhe dar ótimos resultados, mas também pode enganá-lo."

"Então é aqui que entra a próxima ideia, certo?"

"Você está certo. Além da autoavaliação, as pessoas que buscam a sabedoria precisam de **opiniões honestas**. E, de acordo com o que acabamos de discutir, pode ser difícil conseguir isso. Mas é possível. Há várias maneiras de conseguir o tipo de opinião de que estamos falando. Para alguns líderes, suas organizações os ajudam."

"Como?", indagou Blake.

"Em algumas empresas, a opinião faz parte da cultura corporativa. Ela pode vir do seu supervisor, de seus colegas e até mesmo das pessoas que você lidera. Como a Dynastar ajuda os líderes a ouvirem opiniões?"

"Não sei, mas posso perguntar ao Sam." Blake anotou para se lembrar mais tarde. "Mas e se a Dynastar não ajudar com isso?"

"Não importa. Você tem de obter opiniões de qualquer modo. Pergunte às pessoas de seu trabalho o que você deve *começar a fazer, continuar fazendo* e *deixar de fazer*. Você pode fazer isso por e-mail ou em reuniões individuais. Você provavelmente aprenderá fazendo essas perguntas simples."

"Parece simples."

"É simples, mas talvez não seja tão fácil. Eu me surpreendo com a quantidade de pessoas que não dizem a verdade. Por isso ouvir a opinião dos outros é tão útil, mas geralmente não basta para se alcançar a sabedoria."

"Por sorte, posso usar a desculpa do novato", disse Blake.

"Como assim?"

"Posso abordar as pessoas e sinceramente dizer: 'Preciso da sua ajuda', o que sempre faço. 'Sou novo por aqui e realmente gostaria de começar bem. Será que você pode, por favor, me dar sua opinião? Tenho apenas três perguntas. O que devo começar a fazer e que não estou fazendo atualmente? O que devo deixar de fazer? E o que devo continuar a fazer?' Acho que a desculpa do novato pode ajudar."

"Talvez você tenha razão. Se eu fosse você, usaria esta desculpa ao máximo. Mas, além da autoavaliação rigorosa e da opinião alheia, você precisa buscar o **conselho dos outros**", recomendou Debbie.

"Qual a diferença entre o conselho e a opinião?"

"Ótimo pergunta! Em geral, a opinião tem a ver com o passado, enquanto o conselho tem a ver com o futuro. O conselho geralmente nasce da experiência da pessoa com quem você está conversando. Você tira proveito das experiências dela e até da sabedoria dela. Tanto a opinião quanto o conselho são úteis para os líderes."

"Certo, mas que tipo de conselho sobre o futuro estou procurando?"

"Estou falando sobre sua busca da sabedoria, e não sobre *um assunto qualquer*. Certifique-se de ser proativo ao pedir o conselho dos outros."

"Como se faz isso?" Blake se sentia com dificuldade de compreender.

"Mais uma vez, não existe fórmula. Mas uma técnica excelente que você pode cultivar é a capacidade de fazer ótimas perguntas."

"Pode me dar alguns exemplos?", pediu Blake.

"Claro. Eis aqui algumas das minhas perguntas genéricas preferidas", disse ela.

- Quais as decisões da sua vida que mais contribuíram para seu sucesso?
- Quais as maiores lições que você aprendeu até aqui em sua carreira?
- O que você sabe hoje e que desejaria saber há 20, 30, 40 anos?
- Quais livros causaram maior impacto em sua vida e em sua liderança?
- Se você fosse meu orientador pessoal, que conselho teria para mim?

À medida que Debbie ia citando cada pergunta, Blake as anotava.

"É muita coisa", disse ele.

"Não faço todas essas perguntas sempre. E, com algumas pessoas, você buscará um ponto de vista específico, sobre um tema específico. Perguntar é uma ótima maneira de beber da sabedoria dos outros."

"Gosto dessa ideia", disse Blake.

"Beber da sabedoria dos outros pode evitar muito sofrimento. Significa que você não tem de cometer os mesmos erros. Só essa ideia já expressa um pouco de sabedoria."

"Fale-me sobre o quarto elemento da sabedoria", pediu Blake.

"O quarto elemento é o **tempo**", disse Debbie. "A sabedoria é acumulada ao longo de meses, anos, décadas. Você tem de aceitar isso. A busca pela sabedoria, como em outras áreas do crescimento, nunca termina. Não tente apressá-la – e nunca deixe de buscá-la. Se você fizer as coisas que discutimos, com o tempo adquirirá a sabedoria."

"Uau! Antes desta conversa, a sabedoria estava fora do meu radar. Agora sei que ela tem de fazer parte da minha meta de crescimento – mesmo tendo apenas 22 anos."

"Quanto mais cedo você começar, mais tempo terá para alcançar a sabedoria", aconselhou Debbie. "E confie em mim: o tempo voa. Se você não tomar cuidado, pode acabar como o homem que minha empresa teve de demitir recentemente. Muitos anos, mas não muita sabedoria."

"Tenho certeza de que terei muitos desafios e problemas ao longo de minha carreira, mas este não será um deles", disse Blake. "Vou trabalhar duro para alcançar a sabedoria."

A apresentação

A equipe estava se aproximando da primeira apresentação. Blake contou aos membros as ideias da Senhorita Barnwell a respeito das plateias de curto e longo prazo. A equipe gostou do conceito. À medida que faziam seus últimos preparativos, eles estavam tentando decidir quem faria a apresentação. Depois de uma hora de prós e contras, a equipe decidiu ter três apresentadores. Sam estabeleceria o contexto, Blake apresentaria a "situação da indústria" e a pessoa mais experiente do departamento de Marketing apresentaria as recomendações da equipe.

Blake se sentiu honrado por ter a oportunidade de fazer a apresentação para a plateia de curto prazo: os líderes mais experientes da empresa. Ele, com certeza, não queria supervalorizar a situação, mas, de algum modo, sentia que estaria ensinando. Ao pensar nisso, Blake percebeu que seria uma ótima oportunidade de crescer.

A equipe optou por apresentar a ideia da Senhorita Barnwell de se dirigir à plateia de longo prazo – todos os líderes da empresa – como uma de suas recomendações. Eles esperariam para ver como os líderes mais experientes reagiriam. A apresentação foi marcada para a terça-feira pela manhã. A equipe teria uma hora para realizar a apresentação e mais uma hora para responder às dúvidas.

Enquanto a equipe e os líderes se reuniam, Blake notou que a Senhorita Barnwell não estava presente.

"Sam, você convidou a Senhorita Barnwell?", sussurrou Blake.

"Sim, mas a Kristie disse que ela saiu de férias. Não podia mudar isso. Pressionei um pouco, mas a Kristie disse para eu desistir. Depois recebi a mensagem de texto mais estranha do mundo esta manhã."

"Da Senhorita Barnwell?", perguntou Blake.

"Acho que sim", respondeu Sam.

"Como assim '*acho*'? Era dela ou não?"

"Este é o problema. Primeiro, a mensagem era *tão* diferente dela..."

"O que estava escrito?"

"A mensagem dizia 'Obrigado por ajudar a salvar nossa empresa. Boa sorte hoje!'"

"Incrível!" Blake parecia agradavelmente surpreso.

"Mas espere. Tem mais", disse Sam.

"Mais?"

"Sim, foi esta parte que me fez imaginar se a mensagem era mesmo dela."

"Estou esperando."

"A mensagem estava assinada 'Maggie'."

"Você está brincando!"

"Não. Estou falando sério." Sam mostrou a mensagem de texto a Blake.

"Muito legal", disse Blake. "A Senhorita Barnwell – ou melhor, Maggie – foi fundamental para o trabalho realizado por esta equipe. Talvez possamos encontrar uma maneira de aproveitar mais a sabedoria dela seguindo adiante."

"Vamos ver. Por mais estranho que pareça, eu queria que ela estivesse aqui hoje, e não em alguma praia."

Blake se conteve antes de dizer alguma coisa. Ele queria respeitar a confiança que Maggie depositara nele. Ele esperava que ela estivesse com sua mãe, e não numa praia.

"Sam, vou interpretar a ausência dela como uma demonstração de confiança em nós."

"Adoro seu otimismo", disse Sam, sorrindo. "Vamos fazer a apresentação."

A reunião saiu como o planejado. Desde o tom animado e educado da sessão de perguntas e respostas, os líderes ficaram impressionados com todos os apresentadores. Apesar de a equipe de Sam ter várias recomendações, eles não apontaram diretamente os vários atalhos usados pelos líderes e que acabaram por levar a empresa àquela situação. Alan Smith, presidente da empresa, abordou esse assunto.

"Senhoras e senhores, obrigado pela apresentação de hoje. Ela foi concebida e apresentada muito bem. Estou intrigado principalmente por sua recomendação de que compartilhemos parte dessa apresentação com um grupo mais amplo de líderes. Mas o que não ouvi de vocês foi: qual a mensagem fundamental que vocês querem que os outros líderes compreendam?"

A equipe ficou em silêncio. Eles não estavam preparados para aquela pergunta.

Sam se dirigiu à equipe.

"Não concluímos nosso trabalho quanto a isso, mas podemos voltar nos próximos dias com um plano de comunicação."

Alan não ficou satisfeito.

"Qual a raiz do problema aqui?" Seu tom de voz soava um pouco mais firme. Ele se virou para Blake. "Blake? O que você acha?"

Blake respirou fundo e pensou: *Se Maggie não me demitiu, então Alan também não vai me demitir.*

"Não ajudamos os líderes da nossa empresa a crescerem o bastante para que correspondessem às exigências do nosso mundo. Fomos surpreendidos usando as soluções do passado aos problemas do presente", respondeu ele.

Os membros da equipe ficaram em silêncio, surpresos. A maioria nunca estivera numa reunião com o Senhor Smith. Ninguém sabia como ele lidaria com a verdade nua e crua.

"Obrigado, Blake. Acho que você tem razão", disse Alan. "Sam, precisamos daquele plano de comunicação que você mencionou. Para o final da semana será o suficiente. Vou agir a fim de encontrar um meio de evitar que isso se repita. Esta reunião está encerrada." Foi só então que toda a equipe respirou aliviada.

Antes que todos pudessem se levantar, Alan disse:

"Blake, gostaria muito de vê-lo na minha sala."

Os membros da equipe de Blake pareciam assustados. Blake seria repreendido?

"Sim, senhor", respondeu Blake.

Dirigindo-se para a saída com os demais membros da equipe, Sam passou por Blake e sussurrou:

"Vou rezar."

Blake conseguiu apenas esboçar um sorrisinho.

Dois minutos mais tarde, Blake estava na sala do Senhor Smith. Ele decidiu deixar que o presidente falasse primeiro.

"Queria apenas agradecer a você mais uma vez, Blake. Ouvi falar sobre o quanto colaborou para o sucesso desta equipe – caramba, para começar, eles me disseram que a ideia foi sua. Por isso eu agradeço. E o mais importante: obrigado por dizer a verdade hoje. Precisamos desesperadamente de pessoas honestas por aqui. Você também demonstrou coragem. Eis outra bela e essencial qualidade de um líder."

"Obrigado, senhor. Meu pai sempre me disse que a verdade é a melhor amiga de um líder."

"Ele tem razão, mas esta amiga às vezes nos faz sofrer. Hoje foi difícil para mim. Tudo isso aconteceu diante dos meus olhos. Vou levar algum tempo pensando em todas as implicações. Uma conclusão imediata é a de que ser um líder dedicado ao aprendizado e ao crescimento pessoal não é o mesmo que criar uma cultura de crescimento. Sempre me comprometi com o crescimento como líder, mas não consegui criar uma empresa que compartilhe minha paixão pelo crescimento. Tenho muito trabalho pela frente." Ele olhou pela janela e perguntou: "Foi esta sua conclusão sobre este problema?"

"Acho que há muita sabedoria no que o senhor disse. Todos temos muito trabalho a fazer."

"Não sei se é sabedoria ou não, mas sei que é a verdade. Temos mesmo muito trabalho a fazer."

"Por favor, como posso ajudar a seguir adiante?"

"Não tenho os detalhes ainda, mas vou reunir um grupo para me ajudar a pensar nisso. Conto com você para fazer parte deste grupo."

"Será um prazer, senhor. Obrigado."

"Não, Blake, eu é que agradeço."

• • •

Blake voltou à sala de Sam sentindo-se feliz, mas manteve uma expressão séria ao se sentar diante da mesa de Sam.

Sam levantou a cabeça, preocupado.

"Você ainda trabalha aqui?", perguntou ele.

"Não só trabalho aqui, como ele agradeceu por minha sinceridade."

"Você está brincando", disse Sam.

"Estou falando sério. Além disso, ele me pediu para trabalhar num grupo que dará início a uma cultura de amadurecimento na Dynastar. A partir daí, vamos ajudar os líderes desta empresa a crescer."

Sam arregalou os olhos.

"Parece um desafio. Você tem alguma ideia de como fazer isso?"

Blake sorriu.

"Tenho", respondeu. "Deixe-me lhe mostrar algumas." Ele pegou seu caderno e mostrou a Sam as anotações de seus encontros com Debbie:

Para ser um grande líder, você deve . . .

Adquirir Conhecimento

- Sozinho
- Com os outros
- Sobre seu ramo de atuação
- Sobre liderança

Aproximar-se dos Outros

- Formalmente
- Informalmente

Ampliar seu Mundo

- No trabalho
- Fora do trabalho

Caminhar Rumo à Sabedoria

- Autoavaliação
- Opiniões
- Conselhos
- Tempo

Sam levou algum tempo para examinar as anotações de Blake.

"Parece interessante", disse ele. "Pode me explicar o que tudo isso significa?"

"Adoraria", disse Blake.

Espaço para crescer

Como de costume, Blake chegou ao café mais cedo. Mas não estava adiantado o suficiente para chegar primeiro. Mas dessa vez foi a Senhorita Barnwell, e não Debbie, quem marcou o encontro. Sua chefe estava sentada à espera dele numa mesa perto da janela.

"Boa-tarde, Senhorita Barnwell."

Ela o recebeu com um sorriso.

"De agora em diante, é Maggie, tudo bem?"

"Sim, senhora", disse ele ao se sentar diante dela.

"E não é 'senhora'. Apenas 'Maggie'."

Blake fez que sim. Aquela era a primeira vez que ele se encontrava com Maggie desde que ela voltara de férias. Ele não tinha certeza, mas algo em sua aparência mudara drasticamente. Sua expressão exibia sinais de luto, mas também parecia mais aberta e menos defensiva.

"Ouvi dizer que sua apresentação foi extraordinária, Blake", observou ela.

"Graças, em grande parte, a você, Senhorita Barn... quero dizer, Maggie. Suas ideias quanto às plateias de curto e longo prazo para nossas recomendações realmente impressionaram."

"Pelo que ouvi, você causou um impacto e tanto na reunião", disse ela. "Sei que seu pai ficaria orgulhoso de você."

Blake sentiu uma fisgada de dor e abaixou a cabeça. O triunfo de sua reunião com o presidente foi um momento que ele adoraria ter contado a seu pai, mas Blake sabia que isso era impossível. Ao levantar a cabeça novamente, Maggie o estava encarando.

"Pedi para que você me encontrasse aqui porque queria agradecer pessoalmente por me pressionar para visitar minha mãe", disse ela. "Cheguei dois dias antes da morte dela."

"Como foi?", perguntou Blake.

"Consegui dizer que a amava, algo que não dizia há anos. Honestamente, era algo que eu não *sentia* há anos. Mas houve um amor sincero entre nós durante aqueles dois dias. Falamos sobre nossos arrependimentos e ressentimentos e, tão logo fizemos isso, parece que eles desapareceram. Ao entrar em coma, minha mãe pareceu tão em paz..." Maggie mordeu o lábio e ficou olhando para sua xícara de café.

Blake se perguntava se sua chefe estava pronta para voltar ao trabalho. Parecia que ela ainda estava com dificuldades para lidar com sua perda.

"Fico feliz por você ter se despedido", disse Blake. "Foi uma coisa que não consegui fazer, já que a morte do meu pai foi repentina."

"Mas seu pai sabia que você o amava", disse ela. "Até mesmo quando trabalhei para ele, você era a razão da vida dele. E esse caminho no qual você se encontra – essa determinação que você tem para crescer como líder – é a melhor maneira de homenageá-lo."

"Assim espero", disse Blake. "E estou empolgado com as medidas que estamos adotando para que a Dynastar volte ao rumo certo. Ainda é preciso fazer muito, e acho mesmo que posso ser útil."

"Tenho certeza disso", declarou Maggie. Ela fez uma cara feia e um pouco de seu mau-humor pareceu retornar ao seu rosto. "Mas você ainda tem muito a aprender. Tive a oportunidade de olhar os relatórios que você entregou na semana passada. Você confundiu as regiões e parece que ainda não compreendeu direito o conceito de faturamento *versus* renda líquida. Quero que você corrija aqueles relatórios. Ah, e será que pode começar a gerar alguns resultados nas vendas?"

Blake abriu um sorriso. Esta era a Senhorita Barnwell que ele conhecia.

"Sim, posso fazer isso", disse ele. "Sei que ainda tenho muito tempo para crescer."

Recursos para crescer

Esperamos que você tenha gostado da história de Blake.

Nas páginas seguintes, você encontrará recursos para ajudá-lo a se desenvolver ao longo de sua própria jornada de liderança.

Avaliação pessoal

Dê notas para cada afirmação usando os seguintes parâmetros:

5 = Concordo Totalmente; **4** = Concordo Parcialmente; **3** = Não Concordo Nem Discordo; **2** = Discordo Parcialmente; **1** = Discordo Totalmente

	Sua Avaliação
Adquirir Conhecimento	
Conheço meus pontos fortes e fracos	_____
Conheço profundamente as pessoas que lidero (pessoal e profissionalmente)	_____
Conheço muito bem nosso ramo de atuação	_____
Domino muito os princípios e as práticas da liderança	_____
Tenho um plano de desenvolvimento detalhado e por escrito	_____
Total	_____

Aproximar-se dos Outros	Sua Avaliação
Estou sempre procurando novos meios de investir no crescimento dos outros.	_____
Tenho uma relação contínua de orientação com os líderes emergentes.	_____
Procuro e encontro com frequência situações para ensinar.	_____
Compartilho frequentemente o que aprendo com os outros.	_____
Domino a comunicação do meu ponto de vista sobre a liderança.	_____
Total	_____

Ampliar seu Mundo	Sua Avaliação
Procuro constantemente oportunidades de crescer no trabalho	_____
Procuro constantemente por experiências fora do ambiente de trabalho.	_____
Tenho um mentor que me ajuda a crescer.	_____
Estou sempre à procura de outras oportunidades de liderar.	_____
Vejo cada dia como uma oportunidade de liderar e crescer.	_____
Total	_____

Caminhar Rumo à Sabedoria	Sua Avaliação
Sou consistentemente sincero comigo mesmo a respeito de minha liderança.	_____
Busco ativamente a opinião de pessoas sinceras.	_____
Tenho um grupo de pessoas nas quais confio para me aconselhar sobre assuntos importantes.	_____
Domino a arte e tenho a disciplina de fazer perguntas profundas.	_____
Estou totalmente comprometido com a eterna busca pela sabedoria.	_____
Total	_____

E agora?

Para o caso de você estar se perguntando, não há valor na avaliação que você acabou de completar – o valor está no que você fará em seguida. Eis aqui algumas sugestões para você considerar.

Analise as quatro partes da avaliação. O que mais você pode fazer na área em que marcou mais pontos?

Depois, analise a área na qual você tem a menor pontuação hoje. Escolha um item – apenas um – e elabore um plano. Por exemplo, se percebeu que, na seção Caminhar Rumo à Sabedoria, você ainda não tem um grupo de pessoas em que confia para aconselhá-lo sobre assuntos importantes, pode começar hoje mesmo a formar um conselho diretor pessoal. Ou, se você teve uma pontuação baixa quanto a compartilhar com frequência aquilo que aprendeu com as outras pessoas, pense em se encontrar com alguém para lhe transmitir o que você aprendeu neste livro.

Depois de haver realizado com sucesso uma coisa, escolha outra. Depois de realizar todas, recomece. Não pare. O segredo é continuar na jornada.

Se houvesse uma pergunta adicional, podemos pensar numa que vale mais do que as 20 que você acabou de ler:

Você quer ser um líder por toda a vida?

Esta é a questão que importa. Se você se lembrar de apenas uma coisa deste livro, esperamos que seja o seguinte:

> *Sua capacidade de crescer determina*
> *sua capacidade de liderar!*

Outras avaliações

Existem várias ferramentas de avaliação disponíveis para que você entenda melhor sua personalidade, seus pontos fortes, fraquezas e preferências. Eis aqui algumas que você talvez queira explorar.

DISC Profile

Esta importante ferramenta pode ajudá-lo a aumentar significativamente sua eficiência profissional. Com sua Autoavaliação única e sua ilimitada Avaliação do Observador 360°, o DISC Profile é elaborado para lhe dar uma visão abrangente de como interagir com as outras pessoas em situações cotidianas. O objetivo é compreender sua química pessoal a fim de melhorar suas relações. Depois de conhecer suas características comportamentais, é fácil entender o que motiva as pessoas a seu redor e como é possível interagir melhor com elas. Para mais informações, visite www. kenblanchard.com.

Indicador Myers-Briggs

O indicador Myers-Briggs® é outro instrumento usado por muitas organizações, grandes e pequenas. O resultado dessa avaliação gera uma imagem para compreender diferenças individuais no ambiente de trabalho. Assim que você conhece seu tipo, pode adequar o trabalho a seu estilo e encontrar as melhores formas de tomar decisões, de desenvolver técnicas, de se comunicar e de lidar com as mudanças. Para mais informações, visite www.myersbriggs.org.

Avaliação de Pontos Fortes Gallup

As avaliações on-line do Instituto Gallup, apresentadas nos livros *Descubra seus pontos fortes* e *StrengthFinder 2.0*, ajudaram milhões de pessoas a descobrirem seus maiores talentos. Para mais informações, visite www.strengthsfinder.com.

Certificado Blanchard

O Certificado Blanchard oferece programas on-line para a autocompreensão – seu temperamento, necessidades, valores e seu estilo de comunicação –, incluindo informações sobre como usar esse conhecimento para ser mais eficiente como líder. Para mais informações, visite www.blanchardcertified.com.

O modelo SERVE

Como Debbie disse na história, os melhores líderes servem aos outros. Líderes servidores são aqueles cujos objetivos se voltam para o bem maior. Em *O segredo: O que os grandes líderes sabem... e fazem*, Ken Blanchard e Mark Miller descrevem em detalhes as maneiras pelas quais grandes líderes servem. O modelo SERVE é um acrônimo (em inglês) que representa os seguintes comportamentos de liderança:

- **S**ee the future (Visão de futuro)

- **E**ngage and develop others (Engajamento e desenvolvimento dos outros)

- **R**einvent continuously (Reinvenção contínua)

- **V**alue results and relationships (Valorização de resultados e relacionamentos)

- **E**mbody the values (Incorporação dos valores)

Visão de futuro

Imagine e expresse uma visão atrativa do futuro. A liderança sempre começa com uma imagem do futuro idealizado.

Engajamento e desenvolvimento dos outros

Recrute e selecione as pessoas certas para o trabalho certo enquanto cria um ambiente no qual as pessoas se dedicam sinceramente a realizar a visão.

Reinvenção contínua

Mantenha foco eterno na melhora.
O progresso é impossível sem mudança.

Valorização de resultados e relacionamentos

Gere resultados positivos e mensuráveis e cultive boas relações com as pessoas que você lidera. O sucesso final sempre inclui as pessoas e o desempenho.

Incorporação dos valores

Viva de maneira consistente com os valores afirmados.
As pessoas aprendem mais com o que o líder faz do que com o que ele diz.

Leituras recomendadas

Uma das perguntas que mais nos fazem é: "Se você fosse nos recomendar um bom livro, qual seria?" É uma pergunta difícil, uma pergunta que sempre dá origem a outra: "Qual assunto interessa a você?" À medida que nossa conversa se aprofunda, geralmente somos capazes de recomendar livros que nos ajudaram em nossa jornada.

Dois fatores afetam a decisão sobre se um livro é ou não o certo para você: conteúdo e atualidade. Um livro pode não servir para você hoje, levando em conta suas circunstâncias – e talvez ele seja extremamente valioso no futuro. Com esse aviso, criamos uma pequena amostra dos muitos livros que nos ajudaram em algum momento de nossa vida. Esperamos que alguns deles também sirvam para você.

Desperte seu gigante interior, de Anthony Robbins
De bárbaro a burocrata, de Lawrence M. Miller
Empresas feitas para vencer, de Jim Collins
A comunicação que transforma, de Andy Stanley e Lane Jones
The Contrarian's Guide to Leadership, de Steven Sample
Liderança corajosa, de Bill Hybels

O gerente eficaz, de Peter Drucker

Os 5 desafios das equipes, de Patrick Lencioni

Como as gigantes caem, de Jim Collins

Vencendo a crise, de Tom Peters

Integridade, de Henry Cloud

Jump Start Your Brain, de Doug Hall

Liderança e a nova ciência, de Margaret Wheatley

The Life You've Always Wanted, de John Ortberg

Margin, de Richard Swenson

Coloque um ponto final, de Henry Cloud

Envolvimento total, de Jim Loehr e Tony Schwartz

O poder do pensamento positivo, de Norman Vincent Peale

Resonate, de Nancy Duarte

Ensinando para transformar vidas, de Howard Hendricks

Use sua mente, de Tony Buzan

Jogando para vencer, de John Wooden e Steve Jamison

Serviços disponíveis

A **Ken Blanchard Companies**® é líder global em aprendizado corporativo, produtividade, desempenho e eficiência de liderança, mais conhecida por seu programa Situational Leadership® II – o modelo de liderança mais ensinado do mundo. Por sua habilidade em ajudar as pessoas a se destacarem como líderes de si mesmas e dos outros, o SLII® é usado pelas maiores empresas do mundo e também por empresas de pequeno e médio porte, governos e organizações educacionais e filantrópicas.

Os programas Blanchard®, que se baseiam na evidência de que as pessoas são fundamentais para alcançar objetivos estratégicos e motivar resultados, desenvolvem a excelência na liderança, as equipes, a lealdade do consumidor, o gerenciamento de mudanças e a melhora de desempenho. A pesquisa contínua da empresa se volta para as melhores práticas relacionadas à melhora no ambiente de trabalho, enquanto seus palestrantes qualificados estimulam a mudança corporativa e comportamental em todos os níveis e ajudam as pessoas a aplicar o que aprenderam.

Os especialistas em liderança da Ken Blanchard Companies estão disponíveis para oficinas, consultorias e palestras pontuais sobre desenvolvimento organizacional, desempenho no ambiente de trabalho e tendências de mercado.

Ferramentas para a mudança

Visite kenblanchard.com e clique em "Tools for Change" para aprender mais sobre Oficinas, Serviços de Orientação e Programas de Liderança que ajudam sua organização a criar mudanças duradouras de comportamento que têm um impacto mensurável.

Sede

Ken Blanchard Companies
125 State Place
Escondido, CA 92029
www.kenblanchard.com
1.800.728.6000, dos EUA
+1.760.489.5005, de outros lugares

Acompanhe-nos on-line

Assista a Blanchard no YouTube

Assista aos líderes da Ken Blanchard Companies em ação. Acesse o link e se inscreva no canal de Ken Blanchard para receber atualizações sempre que novos vídeos forem publicados.

Junte-se ao fã-clube de Blanchard no Facebook

Faça parte de nosso círculo íntimo e conecte-se a Ken Blanchard no Facebook. Encontre outros fãs de Ken e seus livros. Acesse vídeos, fotos e receba convites para eventos especiais.

Participe das conversas com Ken Blanchard

O blog de Ken Blanchard, HowWeLead.org, foi criado para inspirar a mudança positiva. É um site de acesso público dedicado a temas de liderança relacionados a todos nós. Esse site é apartidário e secular e não pede doações. É uma rede social na qual você encontrará pessoas que se preocupam com a liderança responsável. E é um lugar onde Ken gostaria de ouvir sua opinião.

Twitter de Ken

Receba mensagens atuais e reflexões de Ken. Descubra quais eventos frequentar e o que está passando por sua mente em @kenblanchard.

Twitter de Mark

Receba mensagens atuais e reflexões de Mark. Descubra quais eventos frequentar e o que está passando por sua mente em @leadersserve.

Permaneça em contato

Adoraríamos saber mais sobre sua jornada e aprender com seu sucesso. Você pode entrar em contato com Mark Miller pelo site GreatLeaders-SERVE.org. Nele, Mark compartilhará ideias e práticas dos melhores líderes do mundo. Nós o convidamos a participar dessa conversa!

Por favor, preencha o formulário abaixo e envie pelos correios ou acesse
www.elsevier.com.br/cartaoresposta. Agradecemos sua colaboração.

Seu nome: _____

Sexo: ☐ Feminino ☐ Masculino   CPF: _____

Endereço: _____

E-mail: _____

Curso ou Profissão: _____

Ano/Período em que estuda: _____

Livro adquirido e autor: _____

Como conheceu o livro?

☐ Mala direta   ☐ E-mail da Campus/Elsevier

☐ Recomendação de amigo   ☐ Anúncio (onde?) _____

☐ Recomendação de professor

☐ Site (qual?) _____   ☐ Resenha em jornal, revista ou blog

☐ Evento (qual?) _____   ☐ Outros (quais?) _____

Onde costuma comprar livros?

☐ Internet. Quais sites? _____

☐ Livrarias   ☐ Feiras e eventos   ☐ Mala direta

☐ Quero receber informações e ofertas especiais sobre livros da Campus/Elsevier e Parceiros.

Siga-nos no twitter @CampusElsevier

Cartão Resposta

050120048-7/2003-DR/RJ
**Elsevier Editora
Ltda**

CORREIOS

ELSEVIER

SAC | 0800 026 53 40
ELSEVIER | sac@elsevier.com.br

CARTÃO RESPOSTA

Não é necessário selar

O SELO SERÁ PAGO POR
Elsevier Editora Ltda

20299-999 - Rio de Janeiro - RJ

Qual(is) o(s) conteúdo(s) de seu interesse?

Concursos
- [ ] Administração Pública e Orçamento
- [ ] Arquivologia
- [ ] Atualidades
- [ ] Ciências Exatas
- [ ] Contabilidade
- [ ] Direito e Legislação
- [ ] Economia
- [ ] Educação Física
- [ ] Engenharia
- [ ] Física
- [ ] Gestão de Pessoas
- [ ] Informática
- [ ] Língua Portuguesa
- [ ] Línguas Estrangeiras
- [ ] Saúde
- [ ] Sistema Financeiro e Bancário
- [ ] Técnicas de Estudo e Motivação
- [ ] Todas as Áreas
- [ ] Outros (quais?) _____

Educação & Referência
- [ ] Comportamento
- [ ] Desenvolvimento Sustentável
- [ ] Dicionários e Enciclopédias
- [ ] Divulgação Científica
- [ ] Educação Familiar
- [ ] Finanças Pessoais
- [ ] Idiomas
- [ ] Interesse Geral
- [ ] Motivação
- [ ] Qualidade de Vida
- [ ] Sociedade e Política

Jurídicos
- [ ] Direito e Processo do Trabalho/Previdenciário
- [ ] Direito Processual Civil
- [ ] Direito e Processo Penal
- [ ] Direito Administrativo
- [ ] Direito Constitucional
- [ ] Direito Civil
- [ ] Direito Empresarial
- [ ] Direito Econômico e Concorrencial
- [ ] Direito do Consumidor
- [ ] Linguagem Jurídica/Argumentação/Monografia
- [ ] Direito Ambiental
- [ ] Filosofia e Teoria do Direito/Ética
- [ ] Direito Internacional
- [ ] História e Introdução ao Direito
- [ ] Sociologia Jurídica
- [ ] Todas as Áreas

Media Technology
- [ ] Animação e Computação Gráfica
- [ ] Áudio
- [ ] Filme e Vídeo
- [ ] Fotografia
- [ ] Jogos
- [ ] Multimídia e Web

Negócios
- [ ] Administração/Gestão Empresarial
- [ ] Biografias
- [ ] Carreira e Liderança Empresariais
- [ ] E-business
- [ ] Estratégia
- [ ] Light Business
- [ ] Marketing/Vendas
- [ ] RH/Gestão de Pessoas
- [ ] Tecnologia

Universitários
- [ ] Administração
- [ ] Ciências Políticas
- [ ] Computação
- [ ] Comunicação
- [ ] Economia
- [ ] Engenharia
- [ ] Estatística
- [ ] Finanças
- [ ] Física
- [ ] História
- [ ] Psicologia
- [ ] Relações Internacionais
- [ ] Turismo

Áreas da Saúde [ ]

Outras áreas (quais?): _____

Tem algum comentário sobre este livro que deseja compartilhar conosco?

_____

Atenção:

Impressão e acabamento
Imprensa da Fé